Gracias, mi amor, por relatar con tanta claridad y sabiduría las verdades, los principios y las experiencias que juntos hemos vivido. Sé que este libro será de bendición, motivación y guía para aquellos padres que anhelan, como nosotros, que sus hijos amen a Di

—MILDRED MATOS,
esposa y conferenciante de
Family Life Ministries

Recomiendo que este libro no falte en ningún hogar. Conozco al autor, su familia y su vivencia familiar. Ellos son un ejemplo para la sociedad moderna. Los principios, consejos e historias vertidas en estas páginas revolucionarán tu familia y te ayudarán a construir tu hogar sobre el fundamento bíblico.

—DR. EDUARDO ELMASIAN,
pastor fundador Arca Red de
Avivamiento Internacional,
y autor de *La brújula de Adán*

Ser padres es una maravillosa encomienda de Dios. Este libro, rico en experiencias, llega en su momento necesario para guiarnos a llevar a nuestros hijos a los pies del Maestro.

—CLAUDINA BRINN,
ministro de alabanza y adoración

Cuando leí el libro por primera vez resultó ser una experiencia refrescante, fácil de leer y entende, porque conozco el estilo en que Rey se expresa. En cuanto al contenido, lo considero práctico para los padres de hoy. Lo tendría como una guía práctica para disciplinar a mis hijos y para bendecir a otros que lo necesiten. Entiendo que el lector será impactado, tanto por el testimonio del autor como por la Palabra de Dios aplicada. En general, creo que nuevamente Rey se dejó usar por el Señor. Utilizaría este libro para adiestrar a los maestros de la iglesia infantil, para que ellos impartieran esta visión a tantos padres de hoy que no cuentan con las herramientas necesarias para criar a sus hijos saludables en el Señor. Dios es real y un testimonio como este impactará naciones. Gracias por el privilegio de nutrirme de este libro antes de ser publicado.

—Wanda Méndez
Pastora de niños

¡Señor,que mis hijos te amen!

REY MATOS

CASA
CREACIÓN
Para vivir la Palabra

Para vivir la Palabra

MANTÉNGANSE ALERTA;
PERMANEZCAN FIRMES EN LA FE;
SEAN VALIENTES Y FUERTES.
—1 CORINTIOS 16:13 (NVI)

¡Señor, que mis hijos te amen! por Rey Matos
Publicado por Casa Creación
Miami, Florida
www.casacreacion.com
© 2003, 2014, 2021 Derechos reservados

Library of Congress Control Number: 2014944707
ISBN: 978-1-62998-293-9
E-ISBN: 978-1-62998-296-0

Desarrollo editorial: *Grupo Nivel Uno, Inc.*
Diseño interior: *Grupo Nivel Uno, Inc.*
Concepto de portada, diseño y diagramación:
Edwin B. Gaud Cortés

A menos que se indique lo contrario, los textos bíblicos han sido tomados de la
Santa Biblia, Nueva Versión Internacional® nvi® ©1999 por Bíblica, Inc.© Usada con
permiso.

Nota de la editorial: Aunque el autor hizo todo lo posible por proveer teléfonos
y páginas de internet correctas al momento de la publicación de este libro, ni la
editorial ni el autor se responsabilizan por errores o cambios que puedan surgir
luego de haberse publicado.

Impreso en Colombia

21 22 23 24 25 LBS 9 8 7 6 5 4 3 2 1

CONTENIDO

AGRADECIMIENTOS

Primeramente quiero darle las gracias a Dios por la paciencia que ha tenido conmigo, por todas las veces que me dijo que escribiera y no lo creí posible, hasta que por amor "me dobló el brazo". Gracias a todos los que de una forma u otra me confirmaron que debía escribir.

A los pastores que me rodean día a día: a mi fiel amigo Silvestre (Ferdy) Padilla y su esposa Claudina Brinn, y a Jacobo Ramos y Margarita Suau. Además, a Freddie Negrón y a Efraín (Pachy) Soto, que creyeron en este proyecto y me respaldaron incondicionalmente.

A todas las mujeres de oración, encabezando la lista mi madre Beby, a quien le sigue mi segunda mamá Tago (mi suegra), a mamá Bien (quien ya partió a morar con su amado Salvador) y a Vera, a quien Dios inquietó específicamente a orar por mi libro. A todas, gracias.

A Efraín Daniel Santiago, por su sentido de excelencia. Él realizó el estudio de campo hasta lograr la personalidad magistral de la presentación de este libro.

Al pastor Teddy Alejandro que me retó y se comprometió a ayudarme solo por la visión de bendecir al Cuerpo de Cristo. Gracias a Henry Loyola por el empujón que me dio dirigiendo un equipo de trabajo que me ayudó a transcribir rápidamente la información contenida en predicaciones grabadas. Gracias a todas las personas que formaron parte de ese equipo. Su aportación fue muy valiosa.

A mis hijos, Frances y Rey, por haberme perdonado todas las veces que cometí errores; por ser la inspiración de mi vida; por haberme servido como un elemento de avivamiento espiritual. Sin ustedes esto no hubiera sido posible. ¡Los amo tanto!

Dios les recompense a todos. Una vez más, ¡gracias!

DEDICATORIA

Quiero dedicar este, mi primer libro, a mi amada esposa Mildred.

Hace treinta y siete años, ella me mostró que el camino que yo había rechazado no era oscuro como creía. Me hizo ver que una vida dirigida por el Espíritu Santo era mucho más abundante y llena de satisfacciones; que valía la pena vivirla aunque hubiera dificultades. Esta maravillosa mujer no es una mujer de púlpitos ni de multitudes, pero ha sabido influenciar la vida de millares a través de lo que ha sembrado en mí y en nuestros dos hijos: Frances y Rey.

Mujer pura de corazón, pura de ojos, pura de alma, llena de fe y sobre todo, de alegría.

Gracias por llenar de gozo y de risa tantos momentos de nuestra vida. Te dedico este libro porque eres la autora terrenal de todos estos maravillosos logros que hemos obtenido como familia para la gloria de Dios.

Te amo y te amaré siempre.

Mujer, esposa, madre, sierva de Dios,

¡Te bendigo!

CARTA DE UN DISCÍPULO DE REY MATOS, EL PASTOR CELSO PÉREZ

Mi amado padre en Cristo:

Aún puedo recordar con claridad el verte desmontándote de tu automóvil y caminar hasta el frente del despedazado mundo donde yo vivía. Te veías tan fuera de lugar, que me apenaba que otros me vieran sentado junto a ti al frente del caserío. La escena no tenía sentido. ¿Qué buscabas allí? ¿Cuándo la seda había combinado con el algodón? Pero hoy puedo ver a Dios estirando tu mano, que era la de Él, para darme la vida que hoy vivo. Pero ha sido imposible para mí olvidar tantos banquetes de felicidad que comencé a experimentar en el interior de tu hogar. La primera vez que subí las escaleras de tu casa, solamente el ambiente que se respiraba allí me incomodaba, pues la atmósfera me hacía sentir tan sucio e impuro. Mildred y aquellos dos niños junto a ti en la dinámica de la casa era demasiado bueno para ser cierto. Nunca vi en mis alrededores una mujer feliz y mucho menos niños felices. Todo eso me revolcaba en mi interior el pequeño infierno que yo vivía. Yo vi al Señor abrazándome, casi obligándome a ser abrazado. Hasta llegaste a besar mis mejillas. Solo Él sabía lo afectado que quedaba luego de un abrazo paternal que recibía de ti. Esos abrazos fueron sanándome y, más aún, fueron cerrando el abismo entre tu mundo y el mío, entre la presencia de Dios y yo. Era sentir la aceptación de Dios.

Ustedes fueron el puente que Jesús estableció frente a mi vida para salir del hoyo de la desesperación y la amargura en que vivía. Fueron pan de vida para mí y también para mi familia. Se dejaron comer por nosotros. La seda se enrolló sobre tus brazos y metiste las manos en el lodo para sacarme. ¡Me enseñaron a vivir! Al celebrar sus veinticinco años sirviendo al Señor, pienso que lo mejor que han hecho no ha sido plantar iglesias, dar consejos sabios, servir de manera apasionada, predicar grandes sermones, nada de eso; aunque sé la excelencia con que lo hacen. Ustedes son el evangelio práctico modelado. Yo vi al Señor en sus vidas, en su matrimonio, en sus hijos, en su integridad, en su amor desinteresado, callando cuando les han maldecido, lavando los pies aun a quienes les dañan; los he visto tan de cerca que no tengo duda de su autenticidad.

Hoy celebro con ustedes, pero no celebra solamente el pastor, el ministro de Dios o el misionero en quien ustedes me han ayudado a convertirme. Celebra con alegría, gozo y agradecimiento aquel a quien ustedes sacaron de abajo, y que hoy mira hacia atrás y les agradece. Celebra mi esposa, quien disfruta del esposo y compañero que ustedes parieron con su ejemplo. Celebra mi hija, quien goza del padre que tú modelaste. Rey y Mildred, gracias por permitir que la Palabra se hiciera carne en sus vidas. ¡Qué el Señor les conceda muchos años de vida para ver su benevolencia y su poder! Que vean en sus vástagos, Rey y Frances, las promesas que Dios les ha dado. Recuerden que les amo con amor profundo e inalterable.

Tu hijo,

Popín
20 de octubre de 2001

Popín es discípulo de Rey Matos. Se desempeña como pastor y misionero en Jarabacoa, República Dominicana. Su nombre es Celso Pérez, está casado con Anabel Santiago y tienen una hija, Ana Gabriela.

PRÓLOGO

"Él hará volver el corazón de los padres hacia los hijos, y el corazón de los hijos hacia los padres".
—Malaquías 4:6

RECIENTEMENTE ESCUCHÉ A mi pastor hacer un comentario sobre este versículo. Tiene que ver con la promesa divina de enviar a "su" mensajero para preparar el camino para su venida. De acuerdo a las leyes de interpretación bíblica, tal Palabra tiene un doble cumplimiento: primero en Juan el Bautista, quien llamó a la nación de Israel a volverse a Dios como un preludio a la revelación del Mesías; segundo, será una palabra puntual para determinar la eventual segunda venida de Cristo. Es importante notar que con estas palabras se cierra la revelación del Antiguo Testamento y queda en espera de la revelación de Jesús. Así mismo, con ella se nos prepara para entender los tiempos que van a preceder al establecimiento total del Reino de Dios en la tierra. No creo que exista una promesa más puntual para esta generación que esa: "volver el corazón de los padres a los hijos, y viceversa".

No hubo una generación más olvidada por sus padres que esta, ni hubo un momento en que el oficio más noble en la vida, el llamado a ser padres, sea más olvidado y mal entendido. Según las palabras de Malaquías, a menos que haya un acercamiento de los padres hacia sus hijos, una maldición golpeará una y otra vez a cada generación. La falta de identidad y valor, los índices de divorcio, la drogadicción, el uso profano del don de la sexualidad, la violencia doméstica y la rebeldía son parte de una problemática cuya raíz se encuentra en buena parte, en una relación

13

disfuncional con nuestros padres. ¿Quién puede hacer reflexionar a una generación que sabe tener niños, pero no sabe formar hijos? ¿Quién puede ayudar a una generación de huérfanos emocionales a descubrir al Padre eterno? ¿Dónde se encuentra la escuela de la paternidad? Hay un lugar: la Palabra eterna de Dios nos enseña el camino. La promesa de Malaquías es que Dios hará algo al respecto. Él enviará su Espíritu Santo para sanar nuestros corazones y volverlos a reconciliar.

Hay un camino de sabiduría trazado por un Padre de amor, que nos lleva de regreso a su corazón. Esa sabiduría está expresada en los principios que pueden darnos los alineamientos que los padres necesitan para educar a sus hijos, y que los hijos de una generación herida requieren para volverse a sus padres. Esa es la sabiduría que comparte Rey en su libro. Si pudiera definir a mi amigo en una palabra, tendría que decir dos: "padre y pastor". No muy a menudo uno se encuentra con alguien que disfrute ambos oficios y que los honre tanto como Rey. El abrazo que nos unió hace más de 10 años me enseñó que tenía frente a mí a una persona que ha dedicado su corazón a conocer a Dios y a expresar esa paternidad divina en su entorno familiar y ministerial.

Conocí a sus hijos cuando aún eran pequeños y los he visto crecer hasta convertirse en jóvenes llenos de Dios, de los cuales todos nos sentimos orgullosos. Debo admitir que yo mismo me hice parte de la familia y encontré en Rey el amor, cuidado y corrección, propios de un padre y un pastor. Este libro es una guía práctica para todo aquel que quiere disfrutar el llamado divino de la paternidad. Seguramente encontrarás en sus consejos la voz de Dios contestando muchas de tus inquietudes. Si eres padre, ¡ánimo! Dios, el Padre, está contigo y quiere ayudarte a culminar tu tarea con éxito.

—Danilo Montero

INTRODUCCIÓN

S I NO TIENES hijos y has decidido leer este libro, ¡te felicito! No hay mejor momento para comenzar a ser discipulado en la difícil, pero preciosa carrera de ser padre o madre, que antes de que los niños lleguen. Ahora es el tiempo para empezar a invertir en ellos; antes de que vengan a existencia. Si aprendemos a ser preventivos, ¿cuántas cosas podríamos hacer por el bienestar de nuestros hijos? ¿Recuerdan el viejo refrán "Mejor es prevenir que tener que remediar"?

¿Ya tienes hijos? También hay otro refrán que dice: "Nunca es tarde cuando la dicha es buena". No tienes por qué condenarte pensando que ya es tarde porque estás teniendo problemas por falta de conocimiento. Siempre los hijos agradecerán, no importa la edad que tengan, que haya un nuevo comienzo cuando las cosas hasta allí no han ido bien. No creas que porque ya son *grandes* no puedes enmendar la historia. ¡Claro que sí, anímate!

¿Eres madre soltera y por eso sientes que no podrás salir adelante por la falta de un padre funcional en la casa? ¡No! Hay alternativas muy efectivas para lograr levantar a tus hijos saludablemente, no queriendo hacer el papel de papá y mamá a la vez, sino procurando algunas alternativas menos desgastantes que te ofreceremos en este libro. Hay muchas otras mujeres en las mismas circunstancias que han logrado éxito levantando toda una familia de varones y hembras porque pusieron toda su confianza en los principios del Reino sobre la familia.

Nadie piensa que va a fracasar cuando se casa, sino se concentra en planificar la boda con entusiasmo. Tampoco nadie concibe a sus hijos pensando que van a ser unos maleantes capaces de hacer cosas horrendas. Todo es ilusión y orgullo hasta que ocurre la desgracia. Los padres de los dos jóvenes que masacraron a sus compañeros en la escuela Columbine, en Colorado, Estados Unidos, jamás imaginaron que algún día serían conocidos mundialmente por causa de actos horrendos de asesinato y suicidio; mucho menos perpetrados por sus hijos. Las jovencitas que anuncian su embarazo a los doce o quince años también asombran a sus padres. Ellos se preguntan: "¿Qué pasó? ¿Qué hicimos mal para merecer esto?". ¡Otro anuncio estremecedor! La policía despierta en horas de la madrugada a una joven ejecutiva y madre de una adolescente de 16 años. Encontraron a su hija muerta en la entrada del condominio; esta se lanzó al vacío desde el balcón del apartamento. No lo podía creer, pues pensó que los que le avisaron tuvieron que haberse equivocado porque era imposible que su hija se hubiese hecho daño.

Preguntémonos: ¿Por qué tantos hijos de creyentes y ministros del evangelio son rebeldes o están apartados de Dios, endurecidos contra la iglesia? Es alarmante la cantidad de adolescentes y jóvenes nacidos en la Iglesia, que ahora son parte de las estadísticas de problemas sociales. ¿Por qué la religión no fue suficiente? ¿No será que nos hemos desviado de los propósitos originales de Dios cuando creó la familia y olvidamos su plan para la humanidad? Quisiera cubrir con ustedes algunos principios bíblicos muy interesantes que arrojarán luz sobre estas preguntas y nos revelan el diseño original de los propósitos de Dios para el matrimonio y la familia.

EL MINISTERIO SUPREMO: LA FAMILIA

E L LIBRO DE Malaquías tiene un contenido histórico y profético que es fundamental para eslabonar perfectamente el Antiguo Testamento con el Nuevo Testamento. Los propósitos de Dios para la humanidad se ven claramente confirmados en ese momento de la historia donde se cumple la llegada del Mesías salvador. Se pasa la antorcha de la revelación de Dios de mano de los profetas del Antiguo Testamento, a manos del Hijo de Dios y del Espíritu Santo, que la llevarían hasta el fin de los tiempos.

Estas son, literalmente, las últimas palabras del Antiguo Testamento:

"He aquí, yo os envío el profeta Elías, antes que venga el día de Jehová, grande y terrible. Él hará volver el corazón de los padres hacia los hijos, y el corazón de los hijos hacia los padres, no sea que yo venga y hiera la tierra con maldición".

—MALAQUÍAS 4:5-6

Este versículo es contundente. Nunca imaginé antes de estudiarlo que la relación entre padres e hijos pudiera ser tan significativa e importante para Dios. Como podrán notar en este versículo, Dios ministrará su Palabra y enviará al Espíritu Santo para hacer tornar en los últimos tiempos el corazón de los padres hacia los hijos, y el corazón de los hijos hacia sus padres, tiempo en que más se necesitará.

Esto significa que el producto del avivamiento de los últimos días antes del Día de Jehová—que será grande y terrible—provocará la reconciliación entre padres e hijos. En otras palabras, habrá una revolución espiritual que afectará a toda la familia. Veremos el poder de Dios derramado en los hogares que lo invoquen, y se estrecharán lazos de comunicación entre padres e hijos.

"No sea que yo venga y hiera la tierra con maldición", continúa diciendo el texto. Si la tierra no responde al propósito de Dios en cuanto a las relaciones paterno-filiales en la familia, el resultado será maldición. Habrá serias consecuencias para aquellas familias donde hay discordia, división, enojo, rechazo, griterías y falta de respeto entre padres e hijos. La maldición consecuente de nuestras malas actitudes, sumada a la poca madurez y sabiduría para tratar los conflictos de la familia, será inevitable.

Si Dios no encuentra un espíritu de amor y de comunión entre padres e hijos, la religión no nos va a salvar, como tampoco lo hará todo lo que hayamos hecho para "salvar al mundo". La prioridad de Dios es tu familia.

El otro eslabón que une el Nuevo con el Antiguo Testamento son los cuatro evangelios. El Evangelio de Lucas detalla los eventos de este mencionado eslabón histórico-profético que conecta ambos testamentos. Veamos:

> *"Pero el ángel le dijo: Zacarías, no temas; porque tu oración ha sido oída, y tu mujer Elisabet te dará a luz un hijo, y llamarás su nombre Juan. Y tendrás gozo y alegría, y muchos se regocijarán de su nacimiento; porque será grande delante de Dios. No beberá vino ni sidra, y será lleno del Espíritu Santo, aun desde el vientre de su madre. Y hará que muchos de los hijos de Israel se conviertan al Señor Dios de ellos. E irá delante de él con el espíritu y el poder de Elías, para hacer volver los corazones de los padres a los hijos, y de los rebeldes a la prudencia de los justos, para preparar al Señor un pueblo bien dispuesto".*
>
> —LUCAS 1:13-17

EL PROCESO DE DIOS PARA LOGRAR SUS OBJETIVOS

Basado en todo el texto del pasaje anterior: *"Y hará que muchos de los hijos de Israel se conviertan al Señor Dios de ellos"* (v. 16), podemos concluir que al entender las dimensiones y la magnitud del llamado que Dios le hace a los padres, probablemente decidas acercarte más a Dios. Comprenderás que necesitarás refrescarte espiritualmente para suplir las más fundamentales necesidades de tus hijos, para que ellos crezcan emocional, espiritual y físicamente saludables. Por mejores padres que tratemos de ser, sin el Espíritu Santo es imposible formar a los hijos conforme a las expectativas de Dios.

Agrega que irá delante de él para hacer volver el corazón de los padres a los hijos y viceversa (v. 17). O sea, que el impacto más importante que debe tener tu encuentro con Dios es la restauración de la relación con tus hijos o el fortalecimiento de la comunión con ellos. Finaliza diciendo: *"para preparar al Señor un pueblo bien dispuesto"*. ¿Dispuesto a qué? Dispuesto a imitar los frutos del carácter de Jesús. Esta es una de las dificultades más grandes de los creyentes: su disposición de caminar con Jesús e imitar su estilo de vida. El mayor anhelo de Dios es santificar nuestro carácter para que manifestemos los frutos de Jesús. Su Espíritu ha sido enviado para impartir en nuestro corazón tanto el querer como el hacer su buena voluntad.

¿Para qué otras cosas nos está preparando Dios? ¡Para su venida! El Señor está preparando un pueblo que no será avergonzado en ese gran día. Desde el principio, el propósito de Dios fue crear una raza de sacerdotes que fueran ministros en la iglesia más importante de la tierra: el hogar.

Es decir, que independientemente de cuál sea tu composición familiar, madre o padre soltero(a), primeras nupcias, segundas nupcias donde haya hijos de él, de ella o de ambos, la voluntad de Dios es la misma y los principios de calidad de vida familiar son los mismos. Los principios del Reino de Dios son eternos y no cambian. Si tenemos fe para creer en la efectividad de la Palabra de Dios, viviremos vidas de plenitud y abundancia.

Este estilo de vida no es opcional en los últimos días antes de la segunda venida de Jesucristo, sino que será requisito para entrar al Reino de Dios. Recuerden que lo contrario a esto es maldición. Por lo tanto, no hay otro camino. Aquellos que ya están entendiendo la seriedad de estos conceptos bíblicos deben prepararse para entrar profundamente en el estudio del contenido de este libro. Dicho sea de paso, si alguien compartiera contigo la tarea de levantar a una familia, te recomiendo que le invites a estudiar junto contigo las recomendaciones vertidas en este libro. Los adultos unidos con este mismo propósito estarán resolviendo el cincuenta por ciento de los problemas que dificultan criar hijos: la falta de unidad.

NO HAY PROFETA EN SU PROPIO PUEBLO

QUIEN ENTIENDA LA visión y mentalidad de Dios con respecto a la familia, recibirá maravillosas revelaciones que lo acercarán mucho más a Él. No es tan difícil servir a Dios y agradarle cuando se entiende el propósito por el cual estamos en esta tierra.

Muchos creen por fe que tienen una misión en este mundo. Eso está bien porque es cierto, pero lamentablemente extienden su mirada a un horizonte lejano, cuando todavía no han podido influenciar en Cristo la tierra que pisan sus pies. Crean una utopía religiosa y consideran, por ejemplo, la necesidad de sus iglesias, o de sus pueblos y ciudades, o piensan en lejanas tierras. Mientras tanto, a su lado tienen a una familia "no alcanzada" con hambre y sed, con necesidad de que se siembre en ellos y que se les extienda la mano para poder salir de la prisión emocional y espiritual en que se encuentran (por las razones que sean), quizás por una rebeldía que surgió como producto de la hambruna, no de comida, sino de tu tiempo, de tu amor o de tus atenciones.

Conocemos el refrán: "No hay profeta en su propio pueblo". Este es el argumento favorito que muchos padres han utilizado para justificar la falta de compromiso con su familia o para justificar su resistencia a convertirse a sus hijos, o su fracaso en lograr tornar el corazón de sus hijos hacia ellos y hacia Dios. Es verdad que en primera instancia algunos hijos se resisten a aceptar a sus padres cuando estos se convierten a Cristo. Ello se debe a que han conocido y sufrido las consecuencias del pecado de su anterior estilo de vida. Pero el arrepentimiento de sus padres, las disculpas directas a sus hijos, los frutos y el nuevo comportamiento que ahora se manifiesta en la vida cotidiana de estos, convencerán eventualmente a los hijos de lo genuino de esta conversión. Es entonces cuando ellos aceptan con agrado el sacerdocio familiar de sus padres.

En el caso de los hijos que llegan al mundo y el primer contacto que tienen con lo natural son sus padres creyentes, llenos del Espíritu, lo más "natural" para ellos será vivir entre "profetas". Aceptan con agrado lo que ellos enseñan y se dejan dirigir y moldear por sus padres sin mucha resistencia porque han visto la efectividad y la bendición incomparable de vivir en un hogar así.

No quiero dar la impresión de estar sobre espiritualizando el asunto de la paternidad. Creo que soy un hombre común, con una familia común, con problemas comunes. Me considero un hombre débil. Si he alcanzado éxitos en la vida se debe a que reconocí mis debilidades. Muchas veces me arrepentí con todas mis fuerzas y me sigo rindiendo al Señor para que Él me encamine y me dé la capacidad que yo no tenía para ser mejor esposo y padre.

Yo no disfruté en mi infancia de un modelo que me mostrara el estilo de vida que da resultados positivos. Cuando hablo de resultados positivos no me refiero, por ejemplo, a lograr una carrera profesional, casarme bien, alcanzar una estabilidad económica o tener propiedades. Eso sí me lo enseñaron y vi resultados que me marcaron el camino al éxito en ese sentido.

Pero, todo lo antes mencionado, ¿ha hecho feliz a quienes lo logran? Todos sabemos que no. Me refiero a un estilo de vida de familia donde haya abundancia de amor, verdadera unidad matrimonial. Una familia donde haya hijos en comunión con sus padres, hijos educados que amen al Señor. Un hogar lleno de alegría y gozo, donde se disfrute mucho el compartir porque se valora la dignidad de todos y se respeta a cada individuo a pesar de sus defectos. Una familia que ame y busque el rostro de Dios, junta.

Para lograr una familia así, con un ambiente tal, transité por un proceso, como se dice en inglés de *"trial and error"*, o sea, de "prueba y error". Cometí errores y volví a intentar. Luché contra mi propia naturaleza para aprender a ser un mejor hombre, un mejor esposo y un mejor padre.

DIOS SABE QUE SOMOS POLVO

"Como el padre se compadece de los hijos, se compadece Jehová de los que le temen, porque él conoce nuestra condición; se acuerda de que somos polvo".

—SALMO 103:13

El Señor soporta nuestras equivocaciones. Cristo vino al mundo precisamente para marcarnos un ejemplo a seguir para un nuevo estilo de vida. También para eso envió al Espíritu Santo, para que tuviéramos el poder necesario para ser como Él y así hacer su voluntad.

Dios nos tolera cuando cometemos errores o torpezas, pero resiste a los que tienen en poco su Palabra. Sí, Dios resiste a los que menosprecian su Palabra, a los que la toman ligeramente.

Pero aquel que ama a Dios, según la definición de la Escritura, tiembla a la Palabra de Dios (Is. 66:2). Aunque le cueste vivir conforme a la perfección que hay en ella, no obstante, ama la Palabra y la respeta. En su corazón, anhela vivir a la altura de la doctrina de Cristo. Se esfuerza por madurar y crecer de gloria en gloria. No camina frustrado por sus errores, sino gozoso invocando al Espíritu de Dios. Este le da las fuerzas para mejorar, poco a poco. El resultado es que el Espíritu de Verdad lo capacitará para hacer la voluntad de Dios.

Dios resiste al que escucha su Palabra y la olvida con facilidad. Ofende a su alma el que escucha la Palabra y no la respeta para obedecerla. Al que no reconoce que depende totalmente del Espíritu Santo para poder agradar a Dios y hacer su voluntad, a este mira de lejos.

Este estilo de vida positivo desde el punto de vista de Dios que describí anteriormente, no es normal para el hombre terrenal. Solo es posible para los verdaderos hijos de Dios; los que han creído que Él restaurará en ellos su imagen y semejanza, con la que fuimos creados.

Es de extrema importancia leer este libro atesorando lo que Dios ha dicho. Entender y reconocer que no está en nosotros la capacidad de vivir así, sino solo en Dios. Él nos fortalece para vivir a la altura de esta revelación.

Mi deseo es que al concluir la lectura de este libro podamos entender que nuestra sabiduría humana no alcanza para lograrlo solos. Sin Cristo sería imposible vivir este estilo de vida. Debe quedar establecido cuán necesario es amarrarnos a Dios para que fluya la sobrenatural bendición en nuestro hogar y brote la prosperidad que trae el Reino de los cielos a nuestra familia. Bien dijo Jesús: "el Reino de los cielos entre vosotros está".

A medida que nos abracemos más a Dios, no podremos aguantar las ganas y la necesidad de abrazarnos a nuestra familia. Es entonces donde descubrimos que intimar con nuestra familia es intimar con Dios.

PROMESAS DE DIOS PARA LA FAMILIA

Grandes promesas de Dios y extraordinarias obras de redención y salvación han sido fundadas sobre la base de las relaciones paterno-filiales. Veamos el más grande de los ejemplos.

> *"Era Abram de edad de noventa y nueve años, cuando le apareció Jehová y le dijo: Yo soy el Dios Todopoderoso; anda delante de mí y sé perfecto. Y pondré mi pacto entre mí y ti, y te multiplicaré en gran manera. Entonces Abram se postró sobre su rostro, y Dios habló con él, diciendo: He aquí mi pacto es contigo, y serás padre de muchedumbre de gentes. Y no se llamará más tu nombre Abram, sino que será tu nombre Abraham, porque te he puesto por padre de*

muchedumbre de gentes. Y te multiplicaré en gran mane-
ra, y haré naciones de ti, y reyes saldrán de ti. Y establece-
ré mi pacto entre mí y ti, y tu descendencia después de ti
en sus generaciones, por pacto perpetuo, para ser tu Dios,
y el de tu descendencia después de ti. Y te daré a ti, y a tu
descendencia después de ti, la tierra en que moras,toda la
tierra de Canaán en heredad perpetua; y seré el Dios de
ellos. Habló con él, diciendo: He aquí mi pacto es contigo,
y serás padre de muchedumbre de gentes. Y no se llamará
más tu nombre Abram, sino que será tu nombre Abraham,
porque te he puesto por padre de muchedumbre de gentes.
Y te multiplicaré en gran manera, y haré naciones de ti, y
reyes saldrán de ti. Y estableceré mi pacto entre mí y ti, y
tu descendencia después de ti en sus generaciones, por pac-
to perpetuo, para ser tu Dios, y el de tu descendencia des-
pués de ti. Y te daré a ti, y a tu descendencia después de ti,
la tierra en que moras, toda la tierra de Canaán en here-
dad perpetua; y seré el Dios de ellos. Dijo de nuevo Dios a
Abraham: En cuanto a ti, guardarás mi pacto, tú y tu des-
cendencia después de ti por sus generaciones".

—GÉNESIS 17:1-9

¡Wow! ¡Qué promesas extraordinarias! ¡Qué enorme privilegio abriga este pacto! El hijo, entre Dios y Abraham. Nuestros
hijos entre Dios y nosotros. En otras palabras, nuestros hijos tienen que estar en medio de nuestra relación con Dios. Ellos deben
ser testigos oculares de todo lo que sucede entre Dios y nosotros.
Nuestros hijos observarán cómo nosotros tratamos con Dios y
cómo Él trata con nosotros.

Es como si para acercarnos a Él tuviéramos el requisito de
llevar una ofrenda. Esta ofrenda está determinada: son tus hijos.
Esto implica que ellos deben participar y ser testigos de nuestra
relación con Dios. Es como si nuestros hijos nos abrieran una
puerta de gracia para la bendición de Dios, si ellos nos acom-
pañan a su presencia. Desde un principio, nuestros hijos deben

acostumbrarse a reconocer a dos autoridades paternales en su vida: sus padres terrenales y la deidad de Dios sobre ellos.

Continúa el relato diciendo:

"Este es mi pacto, que guardaréis entre mí y vosotros y tu descendencia después de ti: Será circuncidado todo varón de entre vosotros. Circuncidaréis, pues, la carne de vuestro prepucio, y será por señal del pacto entre mí y vosotros. Y de edad de ocho días será circuncidado todo varón entre vosotros por vuestras generaciones; el nacido en casa, y el comprado por dinero a cualquier extranjero, que no fuere de tu linaje. Debe ser circuncidado el nacido en tu casa, y el comprado por tu dinero; y estará mi pacto en vuestra carne por pacto perpetuo. Y el varón incircunciso, el que no hubiere circuncidado la carne de su prepucio, aquella persona será cortada de su pueblo; ha violado mi pacto. Dijo también Dios a Abraham: A Sarai tu mujer no la llamarás Sarai, mas Sara será su nombre. Y la bendeciré, y también te daré de ella hijo; sí, la bendeciré, y vendrá a ser madre de naciones; reyes de pueblos vendrán de ella. Entonces Abraham se postró sobre su rostro, y se rió, y dijo en su corazón: ¿A hombre de cien años ha de nacer hijo? ¿Y Sara, ya de noventa años, ha de concebir? Y dijo Abraham a Dios: Ojalá Ismael viva delante de ti. Respondió Dios: Ciertamente Sara tu mujer te dará a luz un hijo, y llamarás su nombre Isaac; y confirmaré mi pacto con él como pacto perpetuo para sus descendientes después de él".

—vv. 10-19

La señal del pacto era la circuncisión de la carne del prepucio de su hijo, dando a entender con esto que nuestra responsabilidad primordial como padres es introducir a nuestros hijos a la relación que mantenemos con Dios y consagrarlos, enseñándoles a guardarse puros de la contaminación del mundo, que es lo que simboliza el prepucio. Obviamente, ellos aprenderán pureza de aquellos que marcarán el ejemplo y modelarán este estilo de vida puro que agrada a Dios. Ese modelo y ese ejemplo somos nosotros, los padres.

En el pasado, Dios ha hecho grandes y poderosas maravillas sobre la tierra y hará aún mayores en este tiempo final, y será por la visión que desarrollemos de la familia y la diligencia con que apliquemos estos principios. Si aprendemos a pensar y a ver las cosas como Dios las diseñó, esta visión se hará mucho más amplia y profunda de lo que naturalmente podemos concebir.

Veamos el siguiente pasaje:

"Y Jehová dijo: ¿Encubriré yo a Abraham lo que voy a hacer, habiendo de ser Abraham una nación grande y fuerte, y habiendo de ser benditas en él todas las naciones de la tierra?".

—GÉNESIS 18:17-19

¿Por qué en Abraham serían benditas todas las naciones de la tierra? Más aún, en Génesis 12:2-3, Dios le dijo que en él, serían benditas todas las familias de la tierra. Veamos:

"Y haré de ti una nación grande, y te bendeciré, y engrandeceré u nombre, y serás bendición. Bendeciré a los que te bendijeren, y a los que te maldijeren maldeciré; y serán benditas en ti todas las familias de la tierra".

¿Por qué Dios despliega sobre Abraham todo ese amor y promesas incondicionales? La respuesta está en el verso 19 del capítulo 18 de Génesis: *"Porque yo sé que mandará a sus hijos y a su casa después de sí, que guarden el camino de Jehová haciendo justicia y juicio...".* A través de este pasaje se confirma que somos responsables de mostrarles a nuestros hijos el camino de Jehová, enseñándoles justicia y juicio. Si logramos ganar el corazón de nuestros hijos y conducirlos con nuestro ejemplo a su presencia, tocamos el corazón de Dios. Además del deseo de

Abraham de agradar a Dios, ¿qué otra motivación pudo haber tenido él para ser así? ¿Para qué? El verso 19b responde: *"para que haga venir Jehová sobre Abraham lo que ha hablado acerca de él"*.

¿Sabes lo que esto significa? Muchas de las bendiciones, la gracia y la prosperidad que nosotros soñamos vivir están sujetas a que nos demos a la tarea de que nuestros hijos conozcan y amen a Dios. Si somos fieles a Él y conducimos a nuestros hijos a su presencia, aseguraremos la nube de gloria sobre nuestro hogar. ¡Qué maravilloso! ¿Verdad?

La verdadera prosperidad

El evangelio moderno enfatiza que la prosperidad es producto del dinero que ofrendamos. El que siembra mucho dinero, mucho dinero segará. Y aunque puede ser cierto, no obstante, este énfasis excesivo, esta enseñanza desbalanceada, da a entender que sembrar dinero es lo único que se debe hacer para ser prósperos. Creo que esta es una visión limitada de la verdadera prosperidad de Dios. Hay muchos "prósperos" que viven un caos matrimonial y mantienen un vínculo desastroso entre ellos y sus hijos. Esa es una verdadera miseria familiar.

La prosperidad de Dios viene cuando nos concentramos en invertir la Palabra de Dios en el corazón de nuestros hijos y lo logramos sembrándola efectivamente en ellos. Es darles por herencia algo más que bienes materiales, algo diferente a lo que nosotros recibimos. Es darles una herencia próspera en sabiduría, en frutos, en unidad, en amor, en la presencia de Dios. Después de esto, la prosperidad de Dios impactará todas las áreas de nuestra vida. Sobre esta base es que podemos sembrar en lo económico y será agradable a Dios. Recuerda el principio bíblico enseñado por Jesús:

"Por tanto, si traes tu ofrenda al altar, y allí te acuerdas de que tu hermano (añado: tu hijo, hija, esposa, esposo) tiene

algo contra ti, deja allí tu ofrenda delante del altar, y anda, reconcíliate primero con tu hermano, y entonces ven y presenta tu ofrenda. Ponte de acuerdo con tu adversario pronto, entre tanto que estás con él en el camino, no sea que el adversario te entregue al juez, y el juez al alguacil, y seas echado en la cárcel. De cierto te digo que no saldrás de allí, hasta que pagues el último cuadrante".

—Mateo 5:23-26

Nuestras necesidades serán provistas por Dios en abundancia, aún más de lo que pedimos, siempre y cuando el dinero que estoy sembrando no esté contaminado. ¿Qué es dinero contaminado? El dinero que ofrendo para agradar a Dios mientras estoy en discordia o en enojo con mi hermano, hijo, hija, esposa, esposo. Dinero limpio es dinero puro, ofrenda agradable a Dios, que lo compromete con nosotros para bendición y prosperidad; es el que yo sembré después de la reconciliación con mi familia y mi prójimo. ¡Qué lástima! De esto se predica muy poco. Probablemente bajen los ingresos por concepto de ofrendas después de predicar este mensaje, pero solo inicialmente. Luego que comience la restauración de la verdadera doctrina de Cristo, Dios honrará su Palabra. Si somos fieles a la verdad, veremos los resultados. No solo veremos la bendición de Dios en nuestra vida y familia, sino también la experimentamos en la iglesia y en todas las demás áreas. ¡Amén!

LOS PADRES: LA IMAGEN DE DIOS

"Entonces dijo Dios: Hagamos al hombre a nuestra imagen, conforme a nuestra semejanza; y señoree en los peces del mar, en las aves de los cielos, en las bestias, en toda la tierra, y en todo animal que se arrastra sobre la tierra. Y creó Dios al hombre a su imagen, a imagen de Dios lo creó; varón y hembra los creó".
—GÉNESIS 1:26-27

¿SABE USTED QUIÉNES son los primeros que descubren que fuimos hechos a imagen y semejanza de Dios? ¡Nuestros hijos! Estoy convencido de que si alguien tiene la capacidad de discernir a Dios más que nadie son los niños, pues todavía no han sido contaminados por el pecado. La conciencia de origen está todavía muy fresca. Los más capacitados para entender el corazón de Dios y reconocer los principios del Reino de los cielos son ellos. Si alguien tiene la capacidad de distinguir la firma estampada por el Creador en la vida de sus padres, son los niños. Cuando nuestros hijos llegan al mundo, recién han sido formados por la mano de Dios. Veamos:

"Porque tú formaste mis entrañas; Tú me hiciste en el vientre de mi madre. Te alabaré; porque formidables, maravillosas son tus obras; estoy maravillado, y mi alma lo sabe muy bien. No fue encubierto de ti mi cuerpo, bien que en oculto fui formado, y entretejido en lo más profundo de la tierra. Mi embrión vieron tus ojos..."
—SALMO 139:13-16

Los primeros que descubren la gran verdad de que hemos sido hechos a imagen y semejanza de Dios son nuestros hijos. Esto conlleva una gran responsabilidad, ya que el primer concepto consciente de Dios que los niños desarrollan después de nacer, somos nosotros. Luego de abrir sus ojos, lo más parecido a Dios que ellos visualizan somos nosotros. Cuando en su limitada conciencia ellos comienzan a escuchar el término "Dios", el reflejo eres tú, para bien o para mal.

Esto es una bendición porque en la medida que proyectemos a Dios en la integridad de su verdadera imagen y semejanza, ellos obtendrán la imagen correcta del Dios verdadero. Si yo distorsiono esa figura puede resultar muy peligroso, ya que los niños podrían conocer a Dios, pero tendrán una impresión equivocada de Él. Ese es el concepto que ellos van a desarrollar de Dios: la imagen fiel o distorsionada que tú y yo hemos reflejado de Él.

Para nuestros hijos, Dios es una idea que se plasma y se hace palpable en la imagen de su papá y de su mamá. Ellos sabrán cómo es Dios por lo que vean en nosotros. En su percepción inconsciente pensarán: "Dios es como papá; Dios es como mamá". ¡Qué responsabilidad más grande! No aceptar esta verdad te pondrá en el gran riesgo de no poder preservar para la eternidad el tesoro más grande que tienes en la vida: tus hijos.

Por esta razón, no puedo enfatizar más la importancia de que los padres divorciados o los padres de relaciones fuera de matrimonio, o madres solteras, hasta donde esté a su alcance, hagan lo posible en Dios por mantener relaciones cordiales con la otra parte. Los hijos no pueden separar el concepto papá/mamá como lo hacemos nosotros los adultos, que resolvemos el problema por la vía del divorcio o por la vía de la sustitución del compañero (a). Los hijos no pueden hacer esto porque siempre, toda la vida, mi papá y mi mamá siempre serán mis padres y nada puede cambiar eso. Lo vemos todavía más claro en aquellos casos donde los hijos fueron criados por padres sustitutos o adoptivos. En la mayoría de los casos buscarán conocer, aunque sea por curiosidad, a la persona que les engendró.

En los casos donde la relación se tuvo que romper irremediablemente y la relación cordial no puede continuar, ya sea por prudencia o por seguridad, nunca debemos hablarles mal a nuestros hijos de su padre/madre porque dejará una tristeza, una sensación de fracaso de la cual ellos no son responsables. Pero como su identidad, su razón de ser, su origen, vienen de esa unión, irremediablemente se sentirán tristes y fracasados si todavía escuchan y ven actitudes hostiles hacia una de sus progenitores. No es bueno para ellos escuchar hablar mal de sus pares con otros adultos porque aun de lejos sufren vergüenza. Por favor, por amor a sus hijos, cuídense de esto.

SER ESPIRITUAL NO LO ES TODO

Ser una persona muy espiritual no implica que serás de buena influencia para tus hijos...¡Hola! ¿Estás ahí?...Repito: el hecho de que seamos muy espirituales no significa que seremos de una buena influencia. Porque si soy espiritual, pero mi comportamiento como esposo o esposa y como padre o madre no es positivo, estaré proyectando una imagen distorsionada de la verdadera espiritualidad.

Nos ven adorando profundamente, leyendo la Biblia intensamente, congregándonos fielmente, y nos oyen hablando de Dios con gran denuedo, pero como padres somos un fracaso. Probablemente como esposos somos un fracaso también, pero escondemos nuestro fracaso detrás del manto de espiritualidad. Todo esto es lo que los niños conjugarán en su mente y desarrollarán una percepción equivocada de lo que es Dios, basado en lo que han visto. Ese Dios de serias inconsistencias es al que van a adorar e imitar. Los niños más sinceros y transparentes aborrecerán esto y también aborrecerán a Dios. Serán juzgados como rebeldes, pero en realidad son niños tan genuinos que no tolerarán las apariencias y se "rebelarán" contra la hipocresía de los adultos.

Los padres somos responsables de la imagen que los hijos desarrollen de Dios. Lo que observen, sea bueno o sea malo, es nuestra responsabilidad. Por más que nosotros le enseñemos la Palabra, por más que le enseñemos Biblia, ellos terminarán haciendo lo mismo que nosotros hacemos. Ellos no entenderán la doctrina de Cristo ni la creerán tal como está escrita, hasta que vean los frutos de Jesús en nosotros. Estos frutos demostrarán la verdad que pretendemos enseñarles.

SIGAMOS EL EJEMPLO DE DIOS

¿Cómo mostró Dios su gloria? ¿Cuál fue el plan diseñado para que pudiéramos conocerlo? Mientras Dios se manifestaba en la columna de humo y fuego, nubes y relámpagos, en hechos sobre-naturales, no muchos se rindieron a Él; solo dos o tres personas. Solo unos cuantos tuvieron el privilegio de conocerle tal como es Él, como producto de la manifestación de su gloria. La gran mayoría de las personas no pudieron reconocerlo ni acercarse a Él.

¿Sabes cómo Dios se dio a conocer y se hizo más efectiva su revelación? Cuando se hizo carne, cuando se hizo hombre, cuando bajó a nuestro nivel y nos enseñó a vivir. Así marcó el estilo de vida que agradaba al Padre; por medio de Jesucristo hombre.

Podemos concluir diciendo que experimentar la gloria de Dios en determinados momentos no significa que eso afectará nuestra vida hasta moldearnos conforme a su voluntad. No obstante, si vemos gente que vive al estilo de Jesús, aprenderemos a hacer la voluntad de Dios y amarla, imitando a quienes hemos visto.

Dios tomó toda su gloria y la bajó al plano terrenal, y se desa-rrolló en la vida cotidiana de un hombre. A través de esa vida terrenal y cotidiana, Dios mostró las grandezas de la sabiduría del Reino de los Cielos, y señaló cuáles eran aquellas cosas que abren puertas en el corazón de Dios. La vida sencilla y humana de Jesús, su comportamiento y el carácter expuesto del Hijo de Dios, fue lo que nos hizo decir: "Dios, ¡qué admirable eres…! Yo quiero servirte".

La historia del mundo no había sido transformada hasta que la vida terrenal de un hombre sencillo mostró la gloria de Dios. A partir de ahí, muchedumbres por millares lo han seguido. Este principio es el mismo que Dios quiere que nosotros sigamos para cautivar el corazón de nuestros hijos. Para que ellos se acerquen a Dios para adorarle en espíritu y en verdad, tiene que parecerles interesante, tiene que resultarles apetecible, tienen que entenderlo intelectual y emocionalmente. Nadie ama así porque sí.

Durante toda mi niñez escuché que había que amar a Dios sobre todas las cosas y yo lo repetía: "Hay que amar a Dios sobre todas las cosas". Aunque esto declaraba mi boca, en lo íntimo de mi corazón yo sabía que no amaba a Dios. Ya me costaba trabajo amar a mis padres, ¿iba yo a amar a Dios?

Lo que reflejemos de Dios acercará o alejará a nuestros hijos de Él. No entendía esto tan radicalmente como cuando mi hija nació. Todos sabemos que cada hijo es bien especial, pero el primero, el hijo que te hizo padre, te ofrece unas experiencias y nuevos sentimientos nunca antes vividos.

EL NACIMIENTO DE MI HIJA CAMBIÓ MI VIDA

Recuerdo haber trabajado intensamente ayudando a mi esposa en aquel parto. El bebé estaba coronando; podía observar su cabeza llena de cabellera. Comencé a emocionarme por la maravilla de un bebé en pleno nacimiento. Instantes después, nació aquella hermosa criatura; tan tierna, tan gordita. El médico la tenía en sus manos y yo estaba ansioso por tomarla entre las mías. En ese momento, de mi corazón saltó una oración, un clamor a Dios: "Señor, yo quiero que mi hija te ame, quiero que te sirva".

Cuando la tomé en mis brazos, bajó como un relámpago la respuesta de Dios a mi corazón. El Señor me dijo: "En gran medida dependerá de ti que ella me conozca. A medida que reflejes a Cristo en tu vida, ella me amará y me servirá".

En ese momento no pude contener las ganas de llorar. Yo era pastor, un cristiano de muchos años en el Señor, pero seré muy sincero. En ese momento sentí la convicción de cuánto yo tenía que servir de ejemplo a mi hija, la convicción de que criarla no era solo un asunto de alimentarla bien, ni era un tema de vestirla solamente, como tampoco era una cuestión de llevarla a la iglesia…Era mucho más que eso y esta certeza me hacía llorar de angustia por causa de mis pecados de carácter. Según iba digiriendo en mi mente y en mi espíritu lo que Dios me había dicho, se me agolpaba un intenso deseo de humillarme delante del Señor.

La tomé entre mis manos. La traté con mucho amor. Pero sentía que su peso era enorme. Aquellas siete libras parecían siete toneladas. La llevé al pasillo del hospital para que nuestros familiares la vieran y hubo fiesta y gritos de alegría ante la noticia, pero yo no podía resistir los deseos de correr a un lugar solitario para llorar y desahogar todo lo que sentía en mi corazón, a raíz de la verdad con la que el Espíritu Santo me había confrontado.

Tan pronto pude, entré a la habitación que le asignaron a mi esposa. No había nadie. Me fui a un rincón. Me incliné delante de Dios y comencé a llorar con todo el corazón y le dije: "Señor, te he servido por años; te conozco hace mucho tiempo, pero reconozco que no he podido mostrar verdaderamente la imagen de Jesús a través de mi vida cotidiana. Yo sé, Señor, que no me parezco a ti en muchas cosas. Quisiera olvidarme de todo lo que sé y volver a aprender, volver a experimentar lo que se siente ser hijo tuyo, nacido de nuevo; volver a aprender a amar, con la misma sencillez como el primer día que te conocí. Señor, necesito que me llenes de tu Espíritu y que transformes cada área de mi carácter que necesite cambiar. Examíname para que pueda ser el ejemplo que le abra los ojos a mi hija y le muestre a Jesús. Señor, necesito ser un canal de tu amor. Necesito ser un canal de tu sabiduría. Señor, quiero volver a empezar…".

Aquel día volví a convertirme a Cristo. Algo maravilloso comenzó a gestarse en mí. Aquel día volví a nacer. El amor por mi hija me llevó a arrepentirme. Ese quebrantamiento me llevó a conocer cosas en la Palabra que nunca había descubierto. Dios sabía que el amor por un hijo podía llevarnos a hacer sacrificios que jamás hubiésemos sido capaces de hacer antes. Por un hijo, ¿qué no estaremos dispuestos a hacer?

Abraham anheló tan intensamente a su hijo, que cuando Dios le prometió que se lo daría, le creyó. A pesar de las limitaciones biológicas en su esposa y en él, que hacían imposible tal evento, él creyó. Cuando el hijo llegó, lo amó con un amor mayor que el de cualquier otro padre al que se la haya hecho fácil concebir hijos. Amó tanto a su hijo, que estaba dispuesto a hacer cualquier cosa que Dios le pidiera porque era un regalo de Dios, extraordinario y maravilloso.

Un día, Jehová Dios le pidió que sacrificara a su hijo para probar si Abraham amaba más al regalo que al Dios del regalo. Abraham pasó la prueba porque sabía que el mismo que había hecho el milagro una vez, podía hacerlo de nuevo. Por tanto, Dios llamó a Abraham, el Padre de la Fe, y puso sobre sus hombros una gran honra: ser el hombre por el cual serían benditas todas las familias de la tierra.

Abraham aprendió a amar a Dios intensamente cuando amó a su hijo. Dios se va a valer de cualquier herramienta para llevarnos a Él. A Dios no le importaría usar a nuestros hijos para enseñarnos cómo amarle más a Él.

Por otro lado, esta prueba evitó que Abraham idolatrara a su hijo Isaac, algo que podía darse fácilmente porque después de ser estéril toda la vida, Dios prometerle que lo tendría y esperar 25 años a que se cumpliera, se puede idolatrar inconscientemente lo tan deseado que representa literalmente un milagro de Dios. Al tener que sacrificarlo en ese momento, Abraham entendió que Dios le podía quitar todo aquello que pudiera separarlo o alejarlo de Dios. Isaac, sin querer, podía ser ese obstáculo para que Abraham no pudiera seguir creciendo en la fe, pero la prueba le enseñó que ninguna bendición de Dios puede sustituir a Él en nuestras vidas.

Hay padres que después que tienen a sus hijos prácticamente se desconectan de la iglesia y descuidan sus ministerios porque ahora todo son los hijos. Sienten que son tan responsables delante de Dios de criarlos, que descuidan lo más importante: nuestra relación con Dios y nuestro llamado a servirle. Cuídense de eso...

Comencé a ministrarle desde el primer día

La llegada de nuestra hija revolucionó mi vida. Ella provocó un avivamiento espiritual en mí. Recuerdo lo emocionante que fue regresar a nuestro hogar con nuestra hija Frances.

Cuando llegamos a casa, mi esposa Mildred acomodó a la niña en el moisés y se fue a hacer algo en la cocina. Cuando regresó a la habitación, me encontró al lado del moisés, leyéndole la Palabra a Frances y ministrándole, de dos días de vida. Me miró y se echó a reír diciéndome: "¿Estás loco? Acaba de nacer y ¿tú ya le estás predicando?". Entonces respondí: "Tal vez es cierto que esto parece una locura, pero creo que la Palabra de Dios es Espíritu y aunque Frances no la entienda, ella recibirá el Espíritu de la Palabra. Y la bendición que ella acarrea empezará a fluir en su espíritu. Si ella será bendecida en su espíritu, vale la pena que le ministre. Así es que seguiré hablándole la Palabra, aunque ella no lo entienda intelectualmente".

Mi esposa lo entendió tan bien, que si veía que pasaba un día y al llegar la noche yo no me había sentado a ministrar a Frances, me lo recordaba. Esta práctica se convirtió en una dinámica de fe tan tremenda, que en cierta medida supimos que algo hermoso ocurriría en la vida de nuestra hija.

Grandes cambios comenzaron a suceder en nosotros y sabíamos que eso era parte de la obra de Dios para lograr ganarla para Cristo. Dios abrió nuestro entendimiento en cuanto al aspecto del modelaje. Este es el método principal para criar a un hijo: el modelaje.

No siempre el culto familiar es efectivo

Espero que no se escandalicen por lo que voy a decir. Ganar a nuestros hijos para Cristo y llevarlos a la presencia de Dios no se logra haciendo cultos familiares. Un culto familiar puede resultar un veneno para el alma de nuestros hijos. ¿Por qué?

Porque si en el mismo ámbito donde nos comportamos mal pretendemos hacer un culto familiar, eso podría destruirlos porque los niños son simples. Lo que les han enseñado que es malo, lo es en cualquier contexto, no importa quién lo haga. Y cuando se trata de nosotros mismos los que enseñamos lo que es malo, si nos ven haciéndolo, nos vestimos delante de sus ojos con un manto de hipocresía.

Todo niño es tan transparente en su corazón, por lo menos en sus etapas tempranas, que la hipocresía de sus padres les causa repulsión. Como ellos no tienen opciones, tienen que soportar el culto familiar. Por eso, el mal testimonio y nuestras malas reacciones hacen del culto familiar una experiencia de endurecimiento del corazón de los niños. La gente más insensible a Dios y a su Palabra es aquella que viene de hogares así.

Recomiendo cultos familiares solo a aquellas familias que se han examinado en cuanto a la unidad. La unidad es el fruto principal de nuestra conversión a Dios. Por lo menos, el que dirige el culto familiar debe ser un creyente de testimonio, que viva en amor con su cónyuge e hijos, aunque no sea correspondido. El que ministra debe ser una persona íntegra. Me refiero a que sea una persona que muestre que vive lo que predica.

Estas reuniones serán efectivas en familias que han hecho de su casa un lugar donde se honra a Dios y su Palabra; personas que muestran las verdades fundamentales de la Palabra por medio de su estilo de vida. Entonces, un culto familiar sería sumamente bueno y agradable, edificante y efectivo.

No recomiendo un culto familiar a aquellos que todavía no han podido restaurar sus propias relaciones con otros miembros del hogar, y no tan solamente las relaciones con miembros de la familia, sino también con los de afuera.

La ventaja de la mentalidad de los niños es que solo ven las cosas en "blanco y negro". Nosotros, los adultos, somos los que hemos inventado los "grises" para justificar las excepciones de por qué no hacemos lo que la Biblia dice. Tenemos que arreglar estas ambivalencias porque para los niños no tiene sentido y no les cuadra en su corazón. Por ejemplo, la Biblia enseña que hay que sufrir agravios por amor y que este amor debe alcanzar aún a nuestros enemigos. Sin embargo, nos oyen enemistados y enojados con los hermanos y hasta con el pastor. Es necesario arreglar estas inconsistencias antes de pretender llevar a nuestros hijos a la presencia de Dios.

GANARLO PARA CRISTO ES GANARLO PARA TI

Aprendimos que para poder llevar a nuestros hijos a la presencia de Dios teníamos que ganar el corazón de ellos para nosotros. A aquel que no haya ganado el corazón de sus hijos para sí, le será casi imposible ganar el corazón de sus hijos para Dios. ¿Por qué? Porque por años los niños seguirán sintiendo que lo más parecido a Dios eres tú. Por lo tanto, será difícil para ellos acercarse a Dios si ni siquiera han podido acercarse a ti íntimamente. La falta de intimidad contigo dificultará y complicará su propia relación con Dios.

No logramos mucho con llevar a nuestros hijos a la iglesia si el amor que se despliega allí no se ve en el hogar. No logramos mucho con hacer un culto familiar si no hay intimidad y unidad entre los padres y el resto de los miembros de la familia. No logramos mucho con darles estudios bíblicos si nuestro ejemplo anula lo que enseñamos. Poco lograremos con esforzarnos solamente en lo que religiosamente debemos hacer.

El culto familiar será efectivo cuando el corazón de nuestros hijos nos pertenezca por admiración. Con esto quiero decir que, aunque nuestros hijos nos pertenecen por nacimiento, no tenemos necesariamente su corazón. Cuando tenemos su admiración, entonces podemos disfrutar de apertura hacia nosotros. Cuando nuestros hijos nos admiran, entonces se les hace fácil escucharnos y sujetarse a nosotros. Los hijos que admiran a sus padres creen de todo corazón lo que ellos dicen y enseñan. Nos respetan y nos obedecen por la motivación correcta: el deseo de imitarnos.

No podemos permitir tampoco que nuestro estado de ánimo negativo, por causa de los problemas que estamos teniendo en nuestras relaciones familiares o nuevas relaciones, nos afecten al punto que ahora desatendamos a nuestros hijos para encerrarnos en nuestra tormenta. ¡No! Nuestros hijos son primero que nuestros problemas y la soledad no puede convertirse en nuestra más grande prioridad porque, de lo contrario, se convertirá en el problema de nuestros hijos. Si crees que para ti la soledad es dolorosa e insoportable, no tienes idea de lo que significa para tus hijos. Ellos no tienen la madurez para manejar la soledad como la debemos tener nosotros. No hay nada mejor que llenar la soledad con la presencia de Dios para luego disfrutar de una compañía. Es precisamente lo que le debes modelar a tus hijos.

¿POR DÓNDE EMPEZAMOS?

M E PARECE QUE los principios y métodos que Dios utilizó para acercarnos a Él han sido muy efectivos al lograr cautivarnos en amor. Por lo tanto, deberíamos emplearlos para alcanzar el mismo objetivo en la vida de nuestros hijos y así enseñarles a amar a Dios.

Ya aprendimos que Dios se dio a conocer descendiendo a nuestro nivel y haciéndose semejante a nosotros a través de la vida de un hombre manso y humilde de corazón como Jesucristo. Lo interesante de este hombre era que la autoridad de Dios habitaba en Él, y a través de su vida terrenal dio a conocer su poder y su gloria. Veamos en Filipenses 2:5, 9 dice:

"Haya, pues, en vosotros este sentir que hubo también en Cristo Jesús, el cual, siendo en forma de Dios, no estimó el ser igual a Dios como cosa a que aferrarse, sino que se despojó a sí mismo, tomando forma de siervo, hecho semejante a los hombres; y estando en la condición de hombre, se humilló a sí mismo, haciéndose obediente hasta la muerte, y muerte de cruz. Por lo cual Dios también le exaltó hasta lo sumo, y le dio un nombre que es sobre todo nombre".

Por lo tanto, lo primero que tengo que hacer es "despojarme" parcial y temporalmente de mi nivel de adultez, y tratar de alcanzar el nivel intelectual y emocional de mis hijos. En otras palabras, cada vez que trate con ellos, tengo que hacerme, en cierto sentido, niño con el niño, adolescente con el adolescente, y joven con el joven.

No es tan difícil; solo tienes que, poco a poco, tratar de recordar y rememorar en tus recuerdos las experiencias que viviste en la etapa de vida en que se encuentran tus hijos. Así podrás reconocer y entender sus necesidades. Si logras ponerte a su nivel entenderás sus necesidades y podrás suplirlas. Es identificarte con el corazón y la mente de ellos. Básicamente debes hacer dos cosas. Primero, recuerda todo lo que sufriste y padeciste, y las cosas que gozaste y disfrutaste cuando eras pequeño; todas las cosas que no entendías o cómo las entendías a esa edad; todas las cosas que esperaste y nunca llegaron y si llegaron, fueron tan pocas las veces, que todavía hoy lo resientes. Esto es lo primero que debes hacer: recordar cuando era niño y tratar de reproducir los sentimientos y emociones que experimentaste en cada etapa. Así podrás entender el corazón de tu hijo en la etapa en que él o ella se encuentra hoy.

Lo segundo que debe hacer es pedirle revelación a Dios. Cada persona es un mundo; por lo tanto, tienes que pedir revelación de Dios para conocer y entender el corazón de cada uno de tus hijos y así poder suplir sus necesidades. Dios dará revelaciones en todas aquellas cosas por las cuales oramos. ¿Quieres que Dios te revele el corazón de tus hijos? Ora por ellos. Percibirás de ellos cosas que jamás imaginaste que lograrías discernir.

Prevenir antes que remediar

Uno de los papeles que como padres tenemos que jugar en la vida de nuestros hijos es el de prevención. Prevenir situaciones difíciles durante su crianza es importantísimo. Ellos estarán sometiéndose constantemente a circunstancias para las cuales no están preparados. Necesitarán aprender muchísimo, ser enseñados e instruidos. La vida de los niños consiste en recibir instrucciones constantemente. Los padres sabios usan más la prevención que el remedio. Si no somos preventivos, estaremos señalándolos, regañándolos, criticándolos y corrigiéndolos constantemente. Ese no es un ambiente saludable para ganar la amistad del corazón de tu hijo. Ese no es el ambiente propicio para desarrollar una relación fuerte, íntima y de comunión emocional y espiritual. Para evitar lo anterior, debemos aprender a dar "consejos gratis" (expresión personal). Desde que nuestros hijos son pequeñitos debemos aprender a aconsejarlos. ¿Qué son consejos gratis? Son las recomendaciones que se ofrecen cuando no han sido pedidas. Precisamente esto es ser preventivo. ¿Cómo ofrecerlas? Recordando las cosas que te pasaron en tu adolescencia. Las experiencias vividas cuando ingresaste a la escuela, cuando cambiaste de nivel, cuando entraste a la pubertad y cuando desarrollaste tus primeros vínculos con amigos cercanos. Esa es la información recopilada con la que ayudarás a tus hijos. Inmediatamente empezarás a reconocer cosas que puedes prevenirle a tus hijos.

UN EJEMPLO GRACIOSO

Recuerdo una ocasión en que me senté con mis hijos y les dije: "Ustedes se encuentran en una etapa en la que ingresarán a la escuela. Nos mudamos a una nueva comunidad y pronto empezarán a conocer a otros niños. También es probable que tengan problemas. Hay niños que no tienen a Cristo y probablemente les digan malas palabras o cosas feas; tratarán de ridiculizarlos. Muchas veces los niños son crueles y dicen cosas hirientes. Ustedes tienen que estar preparados para cuando eso ocurra".

He oído a padres cristianos que les decían a sus hijos lo siguiente: "¿Qué niño te pegó? ¿Por qué no le devolviste el golpe? Si alguien vuelve a levantarte una mano y te golpea, ¡defiéndete! No hagas el papel de tonto. Si te dan, regrésale el golpe, para que te respeten". ¿Cómo van a entender el evangelio si les enseñamos lo que el mundo enseña? Lo que nos enseñaron nuestros padres no necesariamente es lo que enseñan las Escrituras. Atrévete a enseñar la verdad, tal como ha sido revelada.

¿Cuántas veces yo me encontré en situaciones donde lo que se supone que les dijera no tenía sentido? ¿Cómo iba a decirle a mi hijo: "Pon la segunda mejilla"? ¡Yo no iba a decirle eso! No obstante, la Escritura así lo enseña. El Espíritu me confirmaba al corazón: "La Escritura es clara; y cuando hablé en la Palabra, pretendí decir lo que dije".

Continué hablando con mis hijos y en mi corazón oraba pidiéndole al Señor la sabiduría para que lo que dijese estuviera a tono con la Palabra.

Dios le dará sabiduría a todo el que la pida, sobre todo si eres padre o madre. Cree esta promesa:

> "Y si alguno de vosotros tiene falta de sabiduría, pídala a Dios, el cual da a todos abundantemente y sin reproche, y le será dada".
>
> —SANTIAGO 1:5

Mi consejo fue este: "Si te dicen malas palabras y te ridiculizan, no les devuelvas mal por mal. No respondas igual que ellos. La Biblia enseña que tenemos que ser luz donde quiera que estemos y en cualquier circunstancia. Si alguien comienza a tratarte mal y te dice cosas feas, sencillamente levántate sin responder a la necedad y devuélvele una bendición o dile: Cristo te ama, y te levantas y te vas. Estoy seguro que los dejarás pasmados porque no van a esperar esa reacción tuya".

Este fue el consejo que se me ocurrió, pero probablemente Dios te inspire a dar uno parecido de otra manera. Dios te dará sabiduría. El padre o madre que quiere ser un modelo de hombre o mujer clamará a Dios y pedirá entendimiento porque sabe que esa es la fuente de poder para convertirnos en los padres que debemos ser. Si en algo debemos ser excelentes, es en la profesión de la paternidad.

Pasado un tiempo, Mildred y yo estábamos en el comedor de casa y escuchamos a nuestro hijo Rey, gritar a lo lejos en el vecindario: "¡Cristo te ama! ¡Cristo te ama!". La voz se escuchaba cada vez más cerca. Sus gritos continuaban: "¡Cristo te ama! ¡Cristo te ama!". Cuando llegó a casa, me dijo:

—¡Papi, hice lo que me dijiste!

—¿Qué pasó?—pregunté.

—Papi, ¿te acuerdas cuando una vez nos dijiste que en algún momento podíamos llegar a tener problemas con otros niños?

—Sí—respondí.

—Pues, tal como lo dijiste, así me pasó. Parecía que mi hijo disfrutaba de que se cumpliera lo que yo le había dicho.

—¿Y qué pasó?, interrogué.

—Estaba jugando con unos niños del vecindario y comenzaron a decirme malas palabras y a burlarse de mí. Entonces yo me levanté y les dije que no iba a seguir jugando con ellos y que antes de irme quería decirles: "¡Cristo te ama!".

De ahí en adelante los niños del vecindario respetaron a Rey. Siempre lo quisieron y lo trataron como un niño especial. Él no tuvo que devolverles mal por mal ni agredirlos para que lo respetaran. Esta experiencia me confirmó lo sabio de los "consejos gratis".

EL PODER DE LOS CONSEJOS

Cuando los hijos descubran los resultados positivos de los "consejos gratis", les parecerá atractivo. Pondrán mucho interés cada vez que necesitemos hablar con ellos. Aprenderán a reconocer la importancia de lo que vamos a comunicarles. Sentirán gusto de sentarse a escuchar porque las palabras de la boca de sus padres serán como palabras de profetas.

Al principio parece el relato de un cuento, pero luego se hace parte de ellos al cumplirse. De esa manera te ganas el respeto de tus hijos. Aprenderán a respetar tus consejos porque con ellos los estás equipando con alternativas de cómo actuar ante las circunstancias sobre las que les estás previniendo. Otro resultado positivo es que te ganas sus oídos porque están acostumbrados desde pequeños a ser aconsejados en una forma preventiva para evitar que sean regañados y castigados, y así se evitarán conflictos.

He tenido la experiencia de decirles a mis hijos: "Papi tiene algo muy importante que decirles", y verlos soltar juguetes, dejar de ver el televisor o cualquier otra cosa que estuvieran haciendo porque papi tenía algo que decirles. Fui el primer sorprendido cuando observé la facilidad con la que ellos se desprendían de un juguete, solo porque papá y mamá tenían algo qué comunicarles.

Si los acostumbras desde pequeños a esta dinámica, no importa la edad que tengan, seguirás disfrutando de la admiración de ellos. Hoy, cuando nuestros hijos son adultos, todavía notamos el interés en oír nuestros consejos y la seriedad que le prestan a los mismos.

Cuando no somos preventivos tenemos que entrar en el conflicto de la corrección. La corrección siempre trae un quebrantamiento de la relación. Debo aclarar que esta es inevitable y no debemos temer emplearla cuando sea necesario, aunque se quiebre la comunión temporalmente. Hay maneras sabias de restaurar esa comunión, pero mientras podamos evitar el quebrantamiento, mucho mejor. Y para eso está la prevención.

Los padres preventivos tienen que brindarles tiempo a sus hijos. A los padres que no tienen tiempo, perdónenme, les será imposible lograr buenos resultados. No hay padres con buenos resultados que no hayan invertido tiempo en sus hijos. Si no tienen tiempo es sencillamente porque le han dado prioridad a otras cosas. Debemos tomar decisiones radicales y presupuestar tiempo de calidad. Ver películas a diestra y siniestra junto con los hijos no es comunión familiar.

No critico que se haga, pero no podemos hacer de esta actividad la que más nos acerque a ellos porque en realidad estamos engañándonos.

Debe haber momentos en que nos sentamos en la cama, hablamos y tratamos de discernir cómo se sienten nuestros hijos y qué experiencias están teniendo en todos sus ambientes. Basados en la información que hemos recibido y la oración, debemos tratar de prevenir y de adelantar las cosas que a ellos les puedan ocurrir, y así aconsejarlos.

CUIDADO CON LA IMPOSICIÓN

Hay padres a quienes los "¿Y…por qué?" de sus hijos les resultan ofensivos. Si quieres lograr que tus hijos respeten tus consejos, debes respetar su intelecto respondiendo a sus legítimas preguntas aunque te parezcan retadores. No dar explicaciones ante la mirada de tus hijos es como una imposición arbitraria de tu autoridad. Aunque ellos reconocen esa autoridad y se sujetan a ti, deberías conducirlos a hacer lo correcto porque entendieron las razones, y no porque lo aceptaron por imposición.

El problema de la imposición sin entendimiento es que cuando no estés presente, nada te va a garantizar que se portarán bien. Pero cuando les explicas tus razones, actúan por lo que entienden, y aún cuando no estés, podrás descansar en lo que has sembrado en ellos, por haberles explicado hasta la saciedad, por haber satisfecho su intelecto.

Los niños son muy inteligentes, más de lo que nos percatamos. Esa capacidad de inteligencia requiere respuestas. Cuando respondemos y explicamos, el conflicto se reduce. Si dejamos el conflicto sin resolver en el corazón de nuestros hijos, el problema se convertirá en un "bumerán". Recuerda que cuando el "bumerán" regresa, puede herir al que lo lanzó. O sea, el conflicto regresará a nosotros y nos volverá a afectar probablemente peor que la primera vez.

No podremos ser preventivos si no destinamos tiempo para sentarnos a hablar cara a cara, identificándonos con los gustos e inquietudes de nuestros hijos. Quizás requerirá que saques tiempo solo para jugar con ellos y demostrarles que te interesas por participar de sus actividades y disfrutas las cosas que ellos disfrutan.

Recuerdo que en una ocasión observé a mis hijos jugar con una patineta en el patio de mi casa. Se sentaban sobre ella y se tiraban cuesta abajo hasta parar contra una pared. Dejé un estudio bíblico que estaba preparando porque pensé que era una buena oportunidad para unirme con ellos. Me acerqué y les dije que quería jugar. Inmediatamente me entregaron la patineta y me senté en ella. ¿Pueden imaginarse un hombre de 6'1" (1.82 m) de alto, sentado en una patineta cuesta abajo? Pues la parada fue bastante violenta. Ellos no paraban de reírse. Se rieron tanto que tuve que preguntarles qué les causaba tanta risa. La respuesta fue la siguiente: "Papi, te veías tan ridículo en la patineta, pero sabemos que lo hiciste por compartir tiempo con nosotros y eso te lo agradecemos mucho". De momento me sentí pasmado por lo "de ridículo", pero me alegré mucho de haberlo hecho porque comprendí que había logrado mi propósito. Logré hacerles sentir que jugar con ellos era tan importante como preparar un estudio bíblico. Esos cinco minutos me ayudaron a ganar un poco más de espacio en sus corazones.

Repito: una de las dinámicas más enriquecedoras de la crianza es la constante producción de "consejos gratuitos", que llenarán el corazón de tus hijos de mucha seguridad y afirmación para vivir. ¡Si tan solo pudieras recordar cuando eras niño y trataras de prevenirles! Vivirás muchas experiencias en las que te sentirás muy recompensado.

PADRES ESTABLES, HIJOS ESTABLES

A L PRINCIPIO DEL capítulo anterior expliqué cómo Dios logró llegar a nosotros para suplir nuestras necesidades y cuán efectivo puede ser este método para que, como padres, podamos lograr lo mismo.

En resumen, si trabajas con ponerte al nivel de tus hijos y empiezas a entender sus necesidades, podrás suplirlas. Es identificarte con el corazón y la mente de ellos, y seguir "calibrándote" para poderles aconsejar preventivamente a medida que van creciendo.

Ahora bien, ¿cuáles son las necesidades fundamentales de los niños para un desarrollo saludable? Si quisiéramos concentrarnos en las más importantes, podemos resumirlas en siete. Entiéndase que estas son igualmente observadas en los adultos.

Se nombran a continuación:

> Estabilidad y Seguridad
> Disciplina
> Amor
> Elogios y alabanzas
> Importancia
> Respeto
> Dios

Según propone un psicólogo estadounidense, Abraham Maslow (1908-1970), existe una jerarquía de cinco necesidades básicas en todo ser humano, que explicaré a continuación.

Figura 1 Modelos de Maslow

Física: oxígeno, agua, comida, techo, etcétera.

Seguridad: libre de temor y ansiedad, dependencia, estructura, orden y leyes

Sociales: sentirse amado, sentirse integrado

Autoestima: respeto, alabanza (gloria), reconocimiento,
importancia y atención

Autorealización: autodesarrollo, alcance del máximo de
su potencial. Maslow explica que a medida que cada
necesidad es satisfecha, la siguiente necesidad en secuencia se convertirá en la más dominante.

(Nota: No estoy enteramente de acuerdo con su teoría. En el
capítulo XII explicaré por qué.)

Aunque el modelo anterior utiliza principios humanistas, no
obstante lo utilizo para mostrar una aplicación más amplia de
las necesidades de los seres humanos desde una perspectiva integral (física, emocional y espiritual). A partir de esta teoría, las
siete necesidades fundamentales que debemos suplir en los niños,

según lo mencioné anteriormente, se pueden categorizar de la siguiente manera:

Nota: Como habrán notado, no he considerado la necesidad fisiológica de los niños porque la doy por sentado. Por lo general los padres suplen muy bien esa necesidad. No obstante, tengo que llamar la atención de aquellos que, por haberse divorciado, dan la impresión que se divorciaron de sus hijos también. Luego que se desprenden del hogar, ya no "pueden"; mejor dicho, ya no "quieren" cubrir las necesidades materiales de sus hijos; quizás sea por represalias contra la madre, desconfianza en cómo se va a utilizar el dinero, o porque ahora les duele gastar en quienes ya no ven o con quienes no pasan tiempo frecuentemente. Si no están dispuestos a proveer lo material, pueden imaginar lo demás. ¡Dios tenga misericordia de ellos!

Modelo de Maslow aplicado a la necesidad integral del niño

Es lamentable que haya padres y madres dispuestos a suplir las necesidades antes mencionadas de la gente que los rodea— tales como empleados, clientes y compañeros de trabajo, e inclusive a sus vecinos y miembros de la iglesia—, pero no pueden ofrecérselas a los hijos con ese mismo nivel de profesionalismo y hermandad cristiana con que lo hacen a los demás. Tenemos que reconocer que las mismas necesidades que tienen los adultos, las tienen nuestros hijos, no importa la edad que tengan.

¿Estás dispuesto a suplir esas necesidades?

NECESIDAD DE ESTABILIDAD

La estabilidad prepara con gran eficacia el corazón de tu hijo para que puedas sembrar en él la Palabra de Dios. ¿Qué impide que una persona pueda funcionar bien? Una razón puede ser que no se sienta segura; que se sienta en el aire por la inestabilidad que hay en su ambiente de trabajo. En las empresas, se instruye a los gerentes y supervisores que la seguridad del empleo puede hacer que un empleado sea más productivo. Por ejemplo, el que tenga permanencia se sentirá motivado y será más productivo que aquel que no tenga ese estatus en la compañía y tema perder el empleo en cualquier momento. Al igual que el adulto, todo niño necesita sentirse seguro. Sin embargo, son otras cosas las que afectan su estabilidad y seguridad. Por ejemplo, en la vida de nuestros hijos, lo que imparte seguridad a su corazón es que vean a sus padres en comunión. Cuando los hijos, independientemente de la edad, observan hostilidad entre sus padres, se sienten inseguros; un temor de algo malo los comienza a embargar, una sensación de peligro.

QUE PAPÁ Y MAMÁ SE AMEN

Nadie mejor que los niños para comprender que su existencia es fruto del amor que papá y mamá se tuvieron. Cuando los padres se dejan de amar, o por lo menos demuestran que ya no se aman, los hijos en mayor o menor grado empiezan a perder el deseo de vivir. Descuidan sus estudios, empiezan a rebelarse contra las reglas porque sienten que es injusto que los adultos no tengan la madurez necesaria para superar sus conflictos. Se deprimen porque se convierten en víctimas inevitables de una guerra que ellos no provocaron. Terminan preguntándose si ellos tuvieron que ver en algo, y se aterran. Se rebelan porque no quieren que les hagan pasar por el quebrantamiento de lo más importante de su vida: su familia. Debemos concientizar que ellos no ven lo que ocurre detrás de la puerta de la habitación matrimonial cuando la cerramos. Lo único que ven es lo que ocurre a la salida. Muchas veces en el único lugar donde hay *intimidad*, el único lugar donde hay *comunión*, es cuando estamos detrás de la puerta. Por lo tanto, en ellos no hay alivio porque el problema radica en que la mayoría de lo que ocurre afuera son asperezas.

Esto los hace sentir muy inseguros y pueden hasta pensar: "Si papá y mamá dejan de amarse, yo dejo de existir. Según se va muriendo el amor entre mis papás, así iré muriendo yo. Cuando papá y mamá se dejan de amar y dejan de tener unidad, me da la sensación de que la vida no vale la pena. Prefiero dejar de existir. Papá y mamá pueden resolver sus vidas independientemente, tomando cada uno su camino, pero yo me despedazo por dentro, y eso me hace sentir muy mal".

Después de esto ya no le encuentran sentido a la vida y deciden lanzarse al desperdicio; o sea, entregarse a la perdición es una opción atractiva. De aquí que los adolescentes y jóvenes hayan convertido a sus amigos en lo más importante de su vida. Sus amigos son *iguales* a él o ella, no lo abandonan, saben todo de él y lo aceptan, tienen todo el tiempo disponible para pasar con él. Si sus amigos quieren intimar sexualmente con ellos, no se resisten y aceptan porque creen que sus amigos serán fieles; y si descubren que no hay fidelidad en ningún lado y lo aceptan, se entregan a todo placer que se les ofrezca para, por lo menos, *pasarlo bien* dentro de las realidades circunstanciales de la vida.

Aquel vacío que provocó la desintegración familiar lo llenará con todo lo que pueda para no toparse con la realidad que tanto duele: "Que el amor no existe; que la familia es un fracaso; que no hay nadie fiel; que la vida no tiene sentido; que Dios nunca debió haberme creado; y por último, si mi familia fracasó y la iglesia también, voy a ver qué puede ofrecerme la calle".

Todos sabemos que no exagero cuando describo brevemente y en general cómo sienten nuestros jóvenes de hoy, y la razón por la cual ha proliferado la rebeldía y el libertinaje hasta el extremo de entregarse al satanismo.

Amarán a Dios como yo ame a mi cónyuge

Si quiero que mis hijos se enamoren de Dios, lo primero que tengo que hacer es enamorarme de mi cónyuge, y asegurarme de andar en comunión con ella o él. Si no es así, no solamente nos destruiremos como matrimonio, sino inevitablemente destruiremos la vida de nuestros hijos.

Por mejor que trates de manejar la separación—aunque tengas la ayuda de un psicólogo—vas a descomponerlos. Existe la rara idea de que si el divorcio se hace con el apoyo de un psicólogo, los hijos no se verán tan afectados. Esto no es cierto. Por mejor que lo manejes, se turbarán.

Una de las grandes dificultades que tendrán a partir de la separación es entender el amor de Dios. Muchos niños se sentirán defraudados de todo: de ellos mismos porque se sentirán culpables en alguna medida; del padre que abandonó el hogar porque fue egoísta y buscó su propio bienestar a expensas del de ellos; del que quedó porque pudo haberlo evitado; y Dios no queda fuera de la lista. No será imposible restaurar la verdadera imagen de Dios en sus vidas, pero será difícil.

Amar a tu cónyuge y trabajar intensamente para que el romance no muera es imprescindible, no solo para tu propio bienestar, sino por el estímulo emocional que esto provoca en los hijos. Se sentirán orgullosos de sus padres y eso los llenará de fuerza para enfrentar la vida con entusiasmo. En estos tiempos, más que nunca, los hijos reconocen que el amor y el romanticismo que existe entre sus padres es producto de la presencia de

Dios en la vida del hogar. Ellos reconocerán que Dios ha sido el que ha traído la estabilidad de unidad en su familia.

En una ocasión, mientras oraba, Dios me pidió que me acercara a mi esposa para ofrecerle mi cariño mientras ella cocinaba. Quería hacerlo porque el Espíritu Santo despertó mi conciencia, me hizo entender mi responsabilidad de saturar de amor a mi esposa aunque no fuera lo que yo hubiese deseado hacer. El Señor quería romper con la frialdad en la que habíamos caído. Dios me estaba confrontando con la idea de que así como no podemos concebir una iglesia sin el amor de Dios, tampoco debemos concebir un hogar sin el amor expresado de un esposo rodeando a su esposa de cariño y romanticismo.

Honestamente hablando, me acerqué a ella en obediencia a Dios aunque sentí que ese no era el mejor momento para expresarle mi amor. Me sentía más cómodo haciéndolo en un ambiente de intimidad nocturna. La abracé por la espalda y le besé sus mejillas y le dije que la amaba. Luego de esto, salí corriendo para evitar ver su reacción de "extrañada", como quien dice: ¿Qué le pasó a este? ¿Qué querrá? ¡Jajaja! Experimenté una sensación de liberación y como si una fuente de amor brotara de mí hacia ella. No solo me conmoví porque rompí con lo que nos mantenía distanciados, sino que para mi sorpresa nuestros hijos, que estaban en la mesa de comedor y habían presenciado "la escena", corrieron hacia nosotros abrazándonos las piernas para participar de ese momento de ternura. Celebraron nuestro amor.

No me imaginaba las consecuencias tan extraordinarias que aquel acto de fe traería a nuestro ambiente familiar. Aquella experiencia me hizo entender cuán sanadora puede ser una acción de amor aunque no haya sentimientos envueltos, ya que el amor no es un sentimiento sino una actitud, una acción a favor de lo que sabemos que es correcto. Los sentimientos y emociones vienen luego de nuestra acción de amor. También me mostró cuánta felicidad inyectamos al corazón de nuestros hijos cuando luchamos por nuestra unidad matrimonial.

OBSTÁCULOS QUE LIMITAN NUESTRAS CAPACIDADES
PARA AMAR A NUESTROS CÓNYUGES

Como ya hemos visto, las Escrituras exigen armonía entre padres e hijos. Si no, vendrá Jehová con maldición sobre la tierra, según el profeta Malaquías. Pero esa comunión paterno-filial nunca será completa hasta que los padres decidan cultivar el amor ágape entre ellos. El amor ágape es el amor incondicional de Dios manifestado en el matrimonio, que no está ligado necesariamente a la sexualidad de la pareja. Este tipo de amor ha tenido fuertes obstáculos por generaciones porque las heridas acumuladas a lo largo de la vida han creado muchas presiones emocionales que salen cuando estamos en aquellos contextos íntimos de convivencia. Por eso es que muchos se extrañan de que el noviazgo fue todo "cookies & cream", o sea, todo fue "color de rosa", agradable, bueno y armonioso, mientras que ahora que estamos casados, las actitudes han cambiado para mal. Ya no hay mucho romance, sino una predisposición al mal humor y a la hostilidad. *"¿Qué le he hecho para que se reaccione así?"*. Algunos se preguntan. En realidad no le has hecho nada, solo que tomó por excusa cualquier situación incómoda para sacarse el dolor que lleva por años guardado en su corazón de niño/niña.

Recuerdo verme luchando entre lo que quiero hacer, que no logro, como lo es ser amoroso, gentil, educado y atento en el trato con mi esposa, versus el esforzarme a controlar aquellas malas actitudes que hacen tanto daño a la familia como lo es la crítica, el reproche y la confrontación iracunda. Me pregunté muchas veces por qué yo era así y por qué no podía desplegar esa personalidad de Jesús que le hizo ganar tanta autoridad entre la gente y que tanto Él pidió a sus discípulos que desplegaran para que el mundo pudiese creer en el evangelio. Dios me contestó de una forma extraña: *"Hijo, si quieres ser un mejor esposo, tienes que ser un mejor hijo"*. No pude comprender, así que seguí inquiriendo en su presencia. Volvió a hablarme, explicándome lo que pretendía de mí: *"Escríbele una carta de amor a tu padre"*. Al pedirme tal cosa, provocó que saliera el dolor acumulado en mi corazón. Esto me confrontaba porque si yo tantas veces había perdonado a mi padre, ¿por qué ahora me dolía tanto el solo pensar que tenía que escribirle esa carta? Obviamente, Dios estaba indirectamente, pero muy eficientemente llevándome a la sanidad de mi corazón. Me estaba enfrentando a la fuente de mi dolor.

En un solo instante, recordé los rechazos, las críticas despectivas, las noches que no llegó, las peleas con mi madre, la vez que me pegó que fue tan abusivo, las mentiras y los adulterios. Cuando dejamos de ser niños, dejó de expresar el amor y abandonó el afecto. Me acusó de haber destruido su matrimonio porque cuando ocurrió por segunda vez que embarazó a su amante, mi madre lo abandonó y me pidió refugio en nuestra casa. Mi padre pretendía que la dejara en la calle para obligarla a regresar a él. En fin, recordé tantas cosas que me hacían tan difícil poder expresar el amor, el mismo que mi padre no me dio…y encima de eso, ¡pedir perdón a alguien que nunca lo pidió! Me parecía una hipocresía escribirle esa carta, si no sentía ni me nacían esos sentimientos. Cuando le expresé estas palabras a Dios, Él me declaró que nunca volviera a llamar hipocresía lo que Él llamaba obediencia. Aprendí entonces que muchos milagros de amor se dan como consecuencia de nuestra sujeción a Dios en obediencia, aunque nuestros sentimientos no estén calibrados con el Espíritu. Es normal que algunas veces no sintamos hacer lo que Dios nos pide que hagamos, pero al hacerlo vemos la poderosa bendición que se desata sobre toda la familia.

Dios quería liberarme del dolor acumulado en mi alma, pero de la única manera que lo lograría sería perdonando y segundo, haciendo un acercamiento de amor. Ya yo había perdonado en oración, pero ahora faltaba lo próximo. La carta que Dios me pedía era la respuesta a esa necesidad. Decidí escribirla…

Amado padre:

Supongo que debes estar extrañado de esta carta. Bueno, pues creo que está algo retrasada porque debí habértela enviado hace mucho tiempo. Por favor, perdóname por no haberlo hecho antes. Tengo que confesarte que Dios me pidió que te la escribiera hace unos años atrás y por descuido, quizás ¿por cobardía? No sé, pero el asunto es que recientemente Dios me volvió a inquietar a hacerlo y por eso la tienes en tus manos. Es indudable que el Señor te ama mucho porque yo me olvidé, pero Él no se olvidó de lo que me ordenó hacer. Definitivamente que el Señor tiene propósitos para contigo, ya que Él ha demostrado que estás en su agenda de amor y misericordia. Creo que todo obra para bien porque nunca antes estuve preparado para escribirte esta carta como ahora, y de verdad, es con mucho gusto y satisfacción que me siento a expresarte todas las cosas que hay en mi corazón.

Necesito expresarte un gran amor que se ha derramado en mi corazón por ti recientemente. No es que no existiera, sino que antes era un amor que se daba en un ambiente de perdón y de aceptación, por la influencia poderosa de Jesús que me forzaba a perdonar y a aceptarte tal y como eras. Papá, créeme que ahora no es así. Estoy experimentando un amor por ti fundamentado, no en un perdón que cubre los errores que hayas cometido, sino en un amor fundamentado en todas tus virtudes, actitudes maravillosas que posees y de cosas que hiciste por mí, que antes no las veía con tanta claridad como las veo ahora.

Recientemente tuve una experiencia con el Señor que me llevó a comprender un poco mejor el amor no merecido de Dios que ha derramado sobre mí. Durante esa experiencia me mostró cuánto te amaba y me extrañó. Me extrañó por lo que acabo de decirte anteriormente. Sin embargo, el Señor me mostró que Él te ama porque esa es su naturaleza y no puede dejar de amarte por encima de lo que hayas hecho. También me abrió los ojos para comprender que tú hiciste todo lo que estuvo a tu alcance hacer y luchaste lo mejor que pudiste, que diste todo lo que tenías y que todo lo que te esforzaste fue por amor a nosotros. Honestamente y de todo corazón, quiero darte las gracias por todo lo que hiciste por mí.

Por favor, no vayas a malinterpretar lo que te voy a decir ahora porque solo te lo digo, no para reclamar nada, sino para que comprendas lo que ocurría dentro de mí durante los años de mi infancia. Antes, cuando me salían algunos "arranques" de coraje parecidos a los que yo solía observar en ti, maldecía la hora en que había nacido y en ocasiones me avergonzaba del apellido que llevaba. Cuando nuestra familia se derrumbó como producto de la infidelidad, me descargué contra ti no solo por mami, sino también por mí; solo que no me atrevía a hablar por mí y me concreté a salir en defensa de mamá. En momentos de depresión, cuando me sentía solo y agobiado, me ponía a pensar en las cosas que no tuve desde el punto de vista del trato y acercamiento contigo, la comunión paternal, en la amistad respetuosa de un padre y un hijo, y me resentía de dolor. Me consolaba pensando que Dios me era suficiente y que ya no necesitaba de nadie; por lo tanto, ya no te necesitaba más. ¿Sabes qué? Ahora comprendo cuán equivocado estaba. Cuando te rechacé por las razones que fueron, quise borrar ese pasado que tanto me dolía. No me di cuenta de que te rechacé, tanto en lo malo como en lo bueno. De esta manera me estaba enajenando de unos principios y valores de la hombría que solo podía obtener de ti.

Dios me hizo comprender que Él siempre estuvo conmigo desde que estaba en el vientre de mi madre, y desde allí me protegió y me hizo nacer con un propósito. Pero además, me mostró que Él utilizó la figura de un hombre tenaz en sus decisiones, con un altísimo sentido de responsabilidad, un hombre que no se amilanaba por la resistencia y las demandas de la vida, un hombre que trabajó incansablemente para suplir las necesidades del hogar, un hombre con visión para arriesgarse ante las metas que se ponía de frente, un hombre que soñó y se dirigió a lograr sus sueños, un hombre de carácter que supo llorar cuando fue necesario, un hombre fuerte y duro con uno de los corazones más tiernos que he conocido, un hombre que aprendió de sus errores y tuvo el valor de enmendarlos, un hombre con la disposición para representar a su comunidad para defender intereses de bien común, un hombre que tuvo la madurez para reconocer aquellas cosas que él no podía lograr y tuvo la humildad de dar espacio para que sus hijos lo lograran en su nombre.

Papá, ese hombre eres tú. Por eso necesito expresarte muchas que te amo, ¡te amo! ¡te amo! ¡te amo! Y te estoy tan agradecido por el hombre que formaste en mí. Ahora, cuando me veo a mí mismo predicando con tenacidad y valentía, sé que es la unción de Dios, pero Él también ha utilizado tu ejemplo para formar ese carácter en mí. Cuando empujo con paciencia en contra de la corriente, sé que es Dios, pero también reconozco que te utilizó como ejemplo para mí en esas áreas. Cuando me resisto a rendirme, aun cuando pienso que yo no voy a poder más, sé que Dios es quien me fortalece, pero también sé que me concedió un padre que jamás se rindió, y que sin tu ejemplo, se me hubiera hecho más difícil obedecer a Dios en algunos momentos dados. Cuando me paro ante los micrófonos de emisoras radiales de grandes audiencias a nivel local e internacional para llevar a cabo programas con temas de familia como "Vida de casados", pienso que soy una proyección de una de las pocas metas que mi padre no logró, pero me abrió el camino para que yo pudiera lograrlo. Papá, gracias, muchas gracias por todo lo que me has dado, no solo por lo material, sino también por el carácter de lo que es ser hombre que me diste por herencia.

Papá, por favor, perdóname por todos los sentimientos negativos que abrigué en mi corazón contra ti en el pasado. Creo que fui injusto contigo y no supe comprenderte mejor. Quiero decirte que jamás me sentí más despejado en mi corazón como ahora, y más que nunca me siento muy orgulloso de llevar el apellido de los "Matos". Espero en Cristo Jesús poder honrar tu apellido hasta la muerte. Te admiro y me siento orgulloso de decir que Raimundo Matos Valenzuela es mi padre. ¡Que Dios te bendiga y te proteja siempre! ¡Que conceda todas tus peticiones en Cristo Jesús! Ruego a Dios que así como Él me mostró cuánto te ama, que así te lo muestre a ti personalmente; que puedas conocer su maravillosa gracia en tu propia experiencia. Yo sé que tú oras, pero ahora te pido, por favor, que ores pidiéndole al Señor que te muestre su amor y te ayude a creerlo con todo tu corazón. Luego hablaremos de lo que pasó ¿ok?

Gracias, papá. ¡Te amo! Y en el nombre de Jesús te bendigo a ti, a mis hermanos de tu nuevo hogar y a tu mujer. ¡Que la paz de Dios sea con ustedes!

Tu hijo,

Rey (Frankie)

Después de esta experiencia, tengo que testificar que mi padre me llamó para pedirme perdón y para decirme cuánto me amaba también. Fue impactante esa llamada porque él nunca me había expresado cosas como esas. Me pidió que lo visitara, a lo cual accedí de inmediato como mucha emoción y alegría, pero se me había olvidado que él ahora vivía con la mujer que rompió nuestra familia. Ella sabía que mi papá era casado con tres hijos y nada fue suficiente para que ella nos respetara.

No obstante, tuve que ir porque le había dado palabra (¡yo y mi gran boca!) a mi papá de que lo visitaría. Llegué hasta su casa en la Florida, Estados Unidos. Nuestro primer encuentro fue en la calle y fue tan emotivo nuestro abrazo que parecía de película. Mi papá nunca me dejó abrazarlo y por eso pensé que no se daría, pero él me sorprendió, no solo con un abrazo de oso, sino con besos también. Recuerdo haber llorado como un niño y él seguía abrazándome y besando mis lágrimas según corrían por mis mejillas. Fue maravilloso y muy sanador para mí.

Luego tuvimos que entrar a la casa. Esa fue la experiencia más difícil porque ahí tenía que enfrentarme a la víbora. Pero cuando salió a la puerta, Dios me impulsó a abrazarla en compasión y perdonarla. Al bendecirla, se rompieron cadenas emocionales de amargura contra ella. La amé. Me dolió entrar a la casa y ver lujos que nosotros nunca tuvimos en nuestro hogar cuando él vivía con nosotros, pero Dios me dirigió a perdonarlo mientras bendecía la casa en oración. Fue difícil enfrentarme a los dos hijos que mi papá tuvo fuera de matrimonio con esa señora, pero Dios me dotó de amor por ellos. Los abracé y los bendije en oración. Ahí cayeron las barreras que me hacían sentir que esos niños eran hijos de pecado y no eran mis hermanos genuinamente. Por último, quise evitar comer de la comida que la señora confeccionó para mí porque me sentía que traicionaba a mi mamá, pero Dios me pidió que bendijera la comida y que disfrutase de ese tiempo de comunión con mi padre y toda su familia. ¡Fue hermoso!

El resultado de todo esto fue que regresé a mi casa con un corazón mucho más sano, despejado, sin dolor acumulado, ni cargas emocionales del pasado. Eso me hizo capaz de ser más tierno y paciente. Me hizo ser más expresivo en el amor y mucho menos reactivo en los momentos difíciles. Ahora, darle cariño durante el día a mi esposa era más espontáneo y ya no resistía las iniciativas de ella, sino que ahora podíamos caminar en armonía, complementándonos el uno al otro. Esto tuvo un impacto extraordinario en el crecimiento espiritual de nuestros hijos. De hecho, la Palabra de Dios nos muestra que cuando existe unidad entre los padres y somos leales a la hora de honrarnos como esposos, aunque no necesariamente estemos complacidos, eso traerá mayor descendencia para Dios (Malaquías 2). Nuestros hijos aprenderán a amar más a Dios como producto de este ambiente de unidad y armonía familiar.

El hijo de 13 años de uno de nuestros ministros le comentó a su padre que había notado que sus compañeros estudiantes de mayor rendimiento académico eran hijos de padres estables espiritualmente y cuyas familias gozaban gran unidad. A su vez señaló que aquellos estudiantes problemáticos y de pobre rendimiento académico, en la mayoría de los casos resultaban ser producto de hogares inestables.

No hay que ser psicólogo ni experto en la materia para concluir que la madurez emocional y la estabilidad espiritual de los padres tendrán un efecto directo en la ejecución, comportamiento y desarrollo integral de los hijos.

Esta es la razón por la cual he insistido a las madres solteras, divorciadas o separadas que entiendan que los desahogos emocionales que muchas veces necesitarán hacer por el bien de su salud mental y para evitarse caer en una crisis nerviosa, nunca deben ocurrir en presencia de sus hijos, sino en la oficina de una consejero pastoral o un sicólogo. No eres tú el centro del universo; tienes que velar por la salud de ellos también. Por eso "amar" al padre de tus hijos no es una opción, sino una obligación desde la perspectiva de tus hijos. Claro, en tu caso, "amar" se debe traducir en respeto, cordialidad, deferencia. Sé que se hace difícil darle ese nivel de "honra inmerecida" cuando quisieras aprovechar cada oportunidad que tengas para atacarlo y vengarte, para que sienta cuánto daño te hizo. No obstante, por tus hijos, actúa maduramente y dale un trato "profesional". Luego te lo agradecerás a ti misma por haberlo logrado. ¿Por qué? Porque tus hijos crecerán en armonía contigo y serán la bendición de tu vejez. Inclusive, si Dios te concediera rehacer tu vida con un hombre de Dios, tus hijos tendrán una mayor receptividad a ese padrastro cuando has sabido manejar sabiamente tus actitudes hacia tu exesposo, el padre de tus hijos.

LA ESTABILIDAD DE LA TEMPLANZA

Otro ejemplo de cómo podemos ofrecerles estabilidad a nuestros hijos es que al enfrentar momentos difíciles reaccionemos con templanza (dominio propio). Nuestras reacciones de desesperación provocan inestabilidad en ellos; *porque el que se supone los debe proteger, se está descontrolando.* Tenemos que tomar posturas de fe.

Por ejemplo, hay momentos en los que no tenemos suficiente dinero para cubrir nuestras deudas o gastos regulares y nos oyen comentar sobre la estrechez económica. Saben que no hay cómo pagar, que las fechas de pago se cumplieron y estamos nerviosos. Si dentro de esas circunstancias que muchos vivimos, nuestros hijos nos ven orando juntos como matrimonio, en comunión y pidiéndole al Señor que nos supla y que nos ayude a descubrir cómo salir del aprieto, en lugar de vernos desesperados, gritándonos unos a otros, echándonos mutuamente la culpa por la situación financiera que estamos atravesando, ellos sentirán tranquilidad: Dirán: "Si papá y mamá están bien, aunque no haya dinero y estemos en crisis económica, todo estará bien". En otras palabras, ellos más que nadie reconocen que el bienestar de una familia no consiste en los bienes que posee o su capacidad económica, sino en la unidad del amor incondicional que todos se profesan, a pesar de las circunstancias.

Cuando los padres se desesperan y no proyectan fe, los hijos pierden seguridad. Cuando los problemas empiezan a apretar, en vez de echarte en una cama a deprimirte, debes ponerte de rodillas a orar. Ellos te verán llorando, y sabrán que estás pasando por un momento difícil, pero sabrán que estás llorando en la presencia de Dios. Eso les dará seguridad.

Recuerdo un día que me aprestaba a salir de mi casa para resolver un problema financiero. Bueno, en realidad eran tres asuntos de índole financiera que tenía que solucionar. Salí un poco ansioso, pero en la puerta de salida el Espíritu Santo me inquietó para que regresara a mi habitación y le encomendara al Señor la situación.

Mientras oraba de rodillas junto a la cama, sentí que la puerta de la habitación se abrió; seguí orando. Empecé a sentir una respiración cerca de mi rostro. Dejé de orar y descubrí que era la carita de mi hija Frances, que tenía tan solo menos de tres años de edad. Ella estaba inclinada buscando ver mi rostro. Me observó fijamente y preguntó:

—Papi, a ti te pasa algo, ¿verdad?

—No, mi amor, no me pasa nada—le contesté.

—¿Y por qué estás llorando?—me dijo, observando mis lágrimas descender por mis mejillas.

—Tú sabes, mi amor, te lo he contado varias veces. Papi anteriormente casi no lloraba porque me habían enseñado que los hombres no lloran, pero desde que papi le dio su corazón a Jesús, cada vez que hablo con el Señor se me salen las lágrimas.

—Sí, papi, pero a ti te pasa algo—me contestó con convicción.

Me estremecí en mi interior porque me resultaba difícil creer que una niña tan pequeña pudiera tener tanta sensibilidad para reconocer que yo estaba preocupado. Tuve que contestarle:

—Sí, mi amor, a papi le pasa algo. Es que tengo unos problemitas. Papá y mamá necesitan un dinero para resolver unas cosas y, pues aquí estoy pidiéndole al Señor que me ayude.

—Papi, ¿quieres que ore por ti?—Me dijo con una sonrisa y unos ojos brillantes, queriendo decir que era lo único que podía hacer para cooperar con la situación—.

Del asombro, le contesté de inmediato: —Sí mi amor, ora por mí.

Entonces puso los deditos de su mano derecha sobre mi frente y con unos ojos bien apretados dijo: "Señor, te pido que ayudes a mi papi. Dale paz y tranquilidad". Luego hubo un pequeño silencio y continuó diciendo: "¿Acaso no te he dicho que si crees verás la gloria de Dios?".

Yo quedé atónito; fui estremecido de pies a cabeza. No podía darle crédito a lo que mis oídos habían escuchado.

Mi hija dio la vuelta y se retiró de la habitación de inmediato, dejándome empapado en lágrimas de alegría, atónito y hasta con cierta incredulidad.

Le dije a Dios:

—Señor, no es posible lo que escuché.

El Espíritu Santo me contestó: "No te asombres porque muchas cosas verás y oirás de tus hijos. Por cuanto ustedes han sido fieles en ministrarles a mis pequeños, muchas cosas hermosas cosecharán de ellos".

Por lo tanto, padre/madre, no te tires en una cama a deprimirte; eso hace que los embargue un sentido horrible de inseguridad. Si no puedes hacer nada, ora; desahógate con Dios y descansa en Él por fe, aunque sea por amor a tus hijos, para que puedan gozar de un ambiente estable y seguro donde crecer. Al salir de la crisis habrás mostrado el carácter de Cristo y Dios se habrá hecho más real en la vida de ellos. Tu fe contagiará a tus hijos y probablemente tú también seas sorprendido de lo que ellos serán capaces de creer y hacer por medio de la fe que aprendieron de ti.

Por favor, nunca utilices a tus hijos como *paño de lágrimas* durante una depresión, aunque ellos sean maduros; no les corresponde ese papel. Utiliza los recursos a tu alrededor: padres, pastores, hermanos maduros espiritualmente, psicólogos cristianos, pero nunca a tus hijos. Ellos estarán dispuestos a jugar ese papel porque te aman, pero tu imagen como padre o madre decaerá delante de ellos. Algo muy adentro les hará sentir que perdieron el sentido de seguridad que deberías representar como padre o madre y que ahora, antes de tiempo, tienen que cargar contigo.

Una carga antes de tiempo puede afectar mi disposición a llevarla cuando me toque el momento correspondiente.

EQUIPÁNDOLOS PARA VIVIR

L A DISCIPLINA ES otra necesidad imprescindible para que nuestros niños puedan crecer espiritualmente. Ellos agradecen la disciplina porque les ofrece estabilidad. La disciplina los equipa para poder responder a las demandas que cada etapa de la vida les exigirá.

Mientras más temprano comencemos a disciplinarlos, menos estrés habrá, tanto para el niño como para los padres. Esto lo explicaré detalladamente más adelante.

Un niño disciplinado se sentirá seguro de enfrentar la vida, ya que la disciplina desarrollará en él un carácter que lo hará sentir competente. Al principio ninguna disciplina es causa de gozo; pero luego, cuando ellos ven los resultados, lo agradecen.

Cuando un niño comienza a sentirse incompetente en la vida se resiente contra los padres, que por causa de la permisividad y temor a disciplinar lo dejaron subdesarrollado en algunas áreas de la vida, las que ahora le están cobrando con intereses.

LA DISCIPLINA DE HÁBITOS

Una de las ventajas importantísimas de la disciplina es crear hábitos en nuestros hijos. Si no creamos en ellos costumbres o hábitos desde temprano, será muy difícil que lo logremos cuando sean maduros.

Por ejemplo, cuando nuestros hijos sean adolescentes, pretenderemos hacer de ellos muchachos y muchachas hacendosos y ordenados. Como ahora son niños *muy chiquitos* creemos que ellos no pueden crear el hábito de ordenar. Esperamos a que sean mayores, por lo menos preadolescentes, para entonces enseñarles. Pero, ¿a qué están acostumbrados? ¿A qué se acostumbraron en los cinco, seis, siete años de su vida? Al desorden, como si vivieran entre escombros. Ellos piensan: "Yo desordeno, y mamá recoge; yo tiro, y papi levanta".

Ahora hay estrés y muchos regaños por algo que le permitieron hacer durante años. ¿No les parece injusta la tirantez que se produce, cuando fuimos nosotros los responsables de tal indisciplina?

Cuando llegan a la edad escolar, los maestros les exigen poner sus cosas en orden, en su lugar, y lo interesante es que lo hacen. ¿Por qué? Porque desde un principio les enseñaron las reglas del juego y las autoridades escolares fueron diligentes en velar por su cumplimiento. Pero en casa siguen el patrón aprendido allí. Entonces, empiezan las discordias, las críticas y los regaños. Regaños para aquí, regaños para allá. ¿Y de quién fue la culpa? ¿De ellos? ¡No! Si hoy son desordenados es porque nosotros fuimos unos inconstantes al no saber imponerles hábitos. No supimos enseñarles costumbres de orden, de limpieza, de ser hacendosos con sus cosas.

Dios nos mostró que la disciplina de hábitos era una bendición y que teníamos que ayudar a nuestros hijos a adquirir esta cualidad. Como padres, no podemos ver la disciplina como una crueldad hacia nuestros hijos, sino como una bendición.

Desde que ellos comienzan a gatear y jugar en el piso, y en la medida que van creciendo, les debemos enseñar orden. ¿Terminaron de jugar? Toma al niño, y con mucho cariño indícale dónde van las cosas. Nosotros le decíamos a los nuestros: "Ven acá. Esto va aquí". Y lo colocábamos en su lugar. "Y esto va allá", y lo ubicábamos en orden. Es cierto que teníamos que hacerlo inicialmente nosotros, pero luego, en las siguientes ocasiones que terminaban de jugar, soltaban sus juguetes y se retiraban. Entonces los deteníamos y les decíamos:

—No, mi amor, ven acá; por favor, acomoda las cosas como te enseñé.

—Pon esto aquí. El niño lo puso muy bien: ¡aplauso!

Celebrábamos el acto de obediencia con mucha alegría y lo premiábamos con besos, abrazos y elogios.

¿Qué pasa si se niegan? Párate firme y no les permitas continuar a ninguna otra actividad hasta que ponga todo en orden. Toma el tiempo que sea necesario hasta que obedezca y, por favor, no te rindas. Los niños nunca se olvidarán del momento en que lograron *doblarte el brazo* y lo intentarán nuevamente con más fuerza cada vez.

Ambos padres deben cooperar en la campaña de disciplina. Si nuestros hijos aprenden desde el principio que *"papá y mamá unidos jamás serán vencidos"*, serán rápidamente instruidos para así desarrollar las habilidades y virtudes de carácter que queremos ver crecer en ellos.

Por favor, luego que se dé la obediencia, recuerda celebrar en grande para recompensarlos.

LA DISCIPLINA DE EVITAR HÁBITOS NOCIVOS

Se trata de evitar que nuestros hijos adquieran hábitos que sean nocivos a su desarrollo tanto intelectual, emocional como espiritual. Todos sabemos que uno de los hábitos más aceptados por casi todas las familias es el de ver televisión. La televisión se ha convertido en el centro del hogar y la solución de muchos padres para poder tener un respiro mientras desempeñamos en otras tareas del hogar. Sin embargo, es la peor competencia que tenemos porque muchas veces contradice y neutraliza todos los valores que tratamos de inculcar en nuestros hijos. La televisión ha hecho parecer todo bueno a los ojos del niño por causa del "glamour" y la propaganda. Esta exposición a la televisión compite muchísimo con el buen desarrollo de la vida moral y espiritual del niño, sin mencionar el daño físico, ya que los niños que ven mucha televisión no se ejercitan lo suficiente, tienden a ser pasivos. Esto es nocivo para la salud.

Resolví esta amenaza estableciendo unas reglas para el uso del televisor. Cuando eran pequeños (5 años o menos) tenían la oportunidad de ver televisión solo 1 hora al día y con supervisión. Después de esa edad, y en la medida que ellos fueron desarrollando criterios positivos propios, fui aumentando poco a poco el tiempo de ver televisión, pero siempre bajo supervisión. El programa tenía que ser previamente aprobado y mi esposa o yo teníamos que supervisarlos mientras lo veían, para poder corregir cualquier cosa que fuera contraria a nuestros principios. Por ejemplo, existen programas infantiles donde hay violencia o convivencia extramarital, parejas homosexuales, malas actitudes, etc.

Después del tiempo asignado, les pedíamos que apagaran el televisor y lo hacían inmediatamente. En ocasiones les sugeríamos que tomaran algunos de los libros que tenían en sus bibliotecas personales y el primer sorprendido era yo. ¿Por qué? Porque a esa edad yo no había aprendido el buen hábito de la lectura y no me gustaba. No obstante, mis hijos me daban cátedra al ver con la tranquilidad e interés que lo hacían ¡y lo disfrutaban!

Todo es cuestión de creer en la disciplina de buenos hábitos.

Sin tiempo no voy a lograrlo

Claro está, ¿qué implica esto? Que necesito tiempo. Y ahí está el problema de la responsabilidad paterna. El que no quiere dedicar tiempo a esto tiene un gran problema; el que tiene muchas otras prioridades dirá: "¡Olvídate de eso! Como yo no tengo tiempo para tanto protocolo, mejor recojo yo; y en cuanto a la TV, me resigno a pensar que no puedo supervisarlos".

¿Qué va a ocurrir? Que según van pasando los años, cuando quieras darte cuenta, has criado a unos indisciplinados que no tienen el menor concepto de lo que es orden, o has formado jóvenes con dobles estándares.

Cuando nuestro hijo era bebé, sabíamos que él había terminado de disfrutar su botella de leche porque de momento oíamos un ruido, ¡pum, pam! ¿Qué era? Que terminaba con su biberón y lo tiraba contra la pared, y este caía al piso. Cuando escuchábamos el escándalo, decíamos: "Rey terminó de tomar leche".

Obviamente, cuando un niño nace con ese gusto por el desorden, va a desordenar; pero a todo niño se le puede enseñar.

Cuando todavía era muy pequeño y se levantaba por la mañana, como todos en casa tenían que arreglar su cama, él también debía hacerlo. Acomodaba mal su cubrecama, pero pacientemente perseverábamos instruyéndole. Le enseñábamos a ubicar sus almohadas, y si había muñecos de peluche o juguetes, también los tenía que ordenar en su lugar. Tuvimos que emplear mucho tiempo para enseñarle y crearle la costumbre o hábito. Los padres desesperados que no tienen la paciencia para enseñar; ¿qué van a hacer? Dirán: "Muchacho, espérate, yo lo hago". ¿Y qué sucede? Pasarán cinco, seis, siete años, y cuando quieras empezar a enseñarle, habrá muchos roces porque no se ha formado esa parte de su carácter; el orden no forma parte de sus hábitos.

Es una delicia abrir la puerta de su habitación un sábado por la mañana y ver en la cama de Rey Jr. esa colcha muy derecha y todas las cosas en su lugar. Saber que esto ya es parte de su vida, que ya es parte de sus hábitos, nos trae mucha satisfacción; sobre todo por su temperamento y personalidad, ya que el orden no es natural en él.

DISCIPLINAR RESPETANDO SU PERSONALIDAD

Ahora que nuestro hijo es mayor, cuando llega a casa, se quita los zapatos y los tira al aire para ver donde caen. Pero como se le enseñó a ser ordenado, los recoge y los guarda en su lugar después de haberse dado el gusto de ver donde cayeron cuando los lanzó.

Como padres, no vamos a tronchar las características intrínsecas de su personalidad ya que a él le gusta ser "libre", y lo entretiene ver dónde caen sus zapatos; pero por encima de eso, aprendió a ordenar. El haber comprendido su personalidad y haberle dado espacio a sus gustos particulares, sin negociar el resultado final, ayudó a que él entendiera que por amor estábamos exigiéndole ciertas cosas para su propio beneficio.

Nunca tuvimos que pasar ese trabajo con nuestra hija Frances porque ella siempre por naturaleza ha sido muy ordenada. Algunos hijos tienen unas ventajas, otros tienen otras. Cada hijo es diferente y tú tienes que apretar más en uno que en otro. En uno deberás aplicar unas cosas, y en otro no las necesitarás.

No trates a todos tus hijos por igual

Tratar a todos sus hijos por igual podría provocar el fracaso como padre en uno o más de sus hijos. ¿Por qué? Porque tú no tiene hijos iguales.

Por lo tanto, la crianza tiene que ser ajustada a las características de cada uno. Esta tiene que ser individualizada. El trato personalizado también se aplica a otras cosas. Por ejemplo, nunca practiqué eso de que si se le compra una cosa a uno, hay que comprarle algo al otro; o a los demás también, por igual.

Por ejemplo, si compraba algo para Frances, en esa ocasión era para ella; y a Rey Jr. se le enseñó a celebrarlo. Si era para Rey Jr., pues en esa ocasión entonces era para él y a Frances también se le enseñó a celebrarlo.

¿Por qué hacer a propósito esta diferencia? Para evitar la actitud del egoísmo y la envidia. Lo único que logramos como padres cuando decimos: "Si no tengo para todos, no tengo para ninguno", es evitar que salga el egoísmo del corazón de los hijos. Es necesario ayudar a nuestros hijos a descubrir lo que hay en su propio corazón y guiarlos a madurar por medio de las lecciones pertinentes.

Si al traer un regalo para uno, yo observaba disgusto en el otro, inmediatamente me sentaba con el "afectado" para explicarle lo que la Biblia enseña con respecto al egoísmo y la necesidad de gozarnos con los que se gozan, para evitar el pecado en el corazón. Claro, yo tenía que asegurarme de entregar la próxima vez que llegara a casa un regalo al que anteriormente no había recibido, y no traer para el que ya había recibido, para que todos aprendieran lo mismo y todos dieran fruto en esa área.

Cuando quiera regalar a todos, pues que sea para todos; no hay problema con eso. Lo único que recomiendo cuando se les regala a todos a la vez, es que la calidad del regalo deberá ser equivalente, ya que se haría difícil justificar la diferencia en ese caso.

Aún de niños, en ocasiones se les nota la raíz de pecado. ¿Has visto a dos bebés puestos en una misma cuna que se pelean porque quieren el mismo juguete? Desde pequeños se manifiesta el egoísmo y la falta de humildad. Tenemos que ser conscientes de que el pecado está a la puerta del corazón de nuestros hijos desde que son bebés; y es desde entonces que debes cortar la manifestación del pecado y enseñarles a sustituir actitudes pecaminosas por actitudes sanas.

Cuando uno de nuestros hijos no quería compartir con otro niño sus juguetes, le dábamos un tiempo razonable para que jugara con el juguete que no quería compartir. Cumplido ese tiempo, le pedía que lo compartiera. Si no lo entregaba voluntariamente; se lo quitaba, explicándole nuevamente el porqué era necesario aprender a compartir y no ser egoísta. Si protestaba, le advertía que se lo devolvería al cabo de un poco de tiempo; pero si continuaba, lo perdería permanentemente por ese día. Créanme que cumplí lo prometido y aprendieron la lección.

LA BIBLIA ENSEÑA CÓMO DISCIPLINAR

Una de las cosas que le ha hecho tanto daño a la iglesia es que se han adoptado las enseñanzas de paternidad de los humanistas.

Lamentablemente las iglesias han carecido muchísimo del discipulado a los padres acerca de cómo criar a sus hijos utilizando los principios bíblicos, y así ganarlos para Cristo. La mayoría de los padres, inclusive los cristianos, siguen los estándares del mundo—teorías humanistas enseñadas por psicólogos fundados en conceptos terrenales—y no los de la Palabra de Dios.

Quiero aprovechar para bendecir a los psicólogos cristianos que respetan más la Palabra de Dios que los conceptos humanistas que les enseñaron durante su preparación académica. No todo converge con la psicología, pero no todos los psicólogos tienen el discernimiento para separar una cosa de la otra.

Yo recuerdo estar enseñándoles a mis hijos el libro de Proverbios y, ¡qué bueno era—y es—cuando nos sentamos a hablar de la Palabra con ellos! Un día mientras leíamos el capítulo que habla de la pereza y del dormilón, mi hijo Rey, que había desarrollado el gusto por dormir mucho, me dijo: "Yo reconozco que soy dormilón y que me gusta mucho dormir; pero mira papi, ¡en el nombre del Señor, voy a luchar contra esto! Quiero que tú ores por mí porque no quiero ser más un dormilón".

Aunque yo le aclaré que dormir lo suficiente no era malo y que, al contrario, era saludable, oramos en ese momento por la actitud de pereza del que quiere dormir más de lo necesario. Desde entonces, en la mayoría de las ocasiones él es el primero en levantarse. Llegó a dirigir el culto de oración de jóvenes, todos los viernes a las 5:30 de la madrugada.

¡Qué poder tan tremendo tiene la Palabra de Dios en la vida de un niño! Puede llegar a entenderla al punto de auto-imponerse un hábito por entender que necesita corregir algo en su vida. Pero, ¿qué lo ayudó a asumir una actitud tan valiente hacia la Palabra en términos de sujeción y obediencia a ella? Que desde pequeño se le enseñó la disciplina de imponerse hábitos.

¿POR QUÉ MUCHOS CRISTIANOS NO CRECEN?

¿Cuál es el problema de muchos cristianos que no logran crecer? Por ejemplo, si les preguntas, ¿cómo está tu hábito de oración? Te contestan: "En realidad, yo no tengo hábito de orar. Pasan los días y no oro".

Son cristianos que no crecen por causa de la indisciplina. No miran la Palabra porque no han desarrollado el hábito de leerla, mucho menos escudriñarla. Si cuando eran niños se les hubiese enseñado a crear rutinas en actividades del diario vivir, en lo terrenal, como ya están acostumbrados a imponerse hábitos, esa habilidad de autodisciplina les hubiera dado la victoria también en su vida espiritual.

La autodisciplina va a impartirles fuerza de carácter a nuestros hijos. Si queremos que ellos disfruten de esta habilidad de fuerza de carácter para autodisciplinarse, tenemos que acostumbrarlos desde muy pequeños a ciertos hábitos. Para ello tenemos que emplear tiempo siendo firmes y consistentes en la disciplina. Te garantizo que esto tendrá consecuencias muy positivas en la vida espiritual de tus hijos.

Quisiera acentuar la palabra *consistencia,* ya que dejar pasar algunas cosas, sea por falta de tiempo o por cansancio, puede alargar mucho el proceso de enseñanza. Los niños entran en estrés, ya que estamos dándole un mensaje equivocado cuando somos inconsistentes. Les decimos sin querer: "Lo que haces está mal dependiendo de mi estado de ánimo". En otras palabras, interpretarán que la corrección es arbitraria, porque a su juicio lo que está mal es malo siempre y se debe corregir siempre. Piensan: "Si me lo dejas pasar algunas veces es porque no es importante, y cuando me corriges siento que es injusto porque me estás corrigiendo por algo que tú me has enseñado que no tiene mucha importancia". ¿Te das cuenta por qué es tan importante la consistencia aunque sea fatigosa?

LA DISCIPLINA DE CORRECCIÓN

"La necedad está ligada en el corazón del muchacho; mas la vara de la corrección la alejará de él".
—PROVERBIOS 22:15

La necedad en el corazón del niño se muestra a través de la falta de interés por los preceptos enseñados. Esta falta de interés lo hace olvidar con facilidad, razón por la cual recae en desobediencia. Todo es consecuencia de la inmadurez e ignorancia naturales en él. Por causa de lo anterior y por consejo bíblico, los padres nos vemos en la necesidad de aplicar la disciplina (vara) de la corrección. Con esto provocaremos una consecuencia dolorosa que lo ayudará a recordar; fijará el precepto, le enseñará a valorizar y madurará su entendimiento.

"La vara y la corrección dan sabiduría; mas el muchacho consentido avergonzará a su madre".

—PROVERBIOS 29:15

Recuerdo el caso en particular de un niño de tan solo ocho años que estuvo desordenando durante toda la noche en una reunión de estudio bíblico de la congregación. Este, un *niño de voluntad firme*, no quería obedecer a su madre ni a los ujieres; les faltó el respeto a todos los que intentaron hacer algo con él. Un diácono tuvo que llevarlo al baño para tratar de calmarlo y allí él desató una reacción aún más violenta. Me llamaron y, luego de consultar con su madre, esta con lágrimas de desesperación y vergüenza me autorizó a que la ayudara a disciplinar a su hijo.

Cuando entré en el baño, el niño continuó con mayor histeria su reclamo de poder y autoridad, pero yo no estaba dispuesto a cedérsela; por lo tanto, comencé a corregirlo *en amor*. Su respuesta fueron unas cuantas patadas, escupitajos y gritos con malas palabras. Me amenazó violentamente de que si lo tocaba me iba a denunciar a la policía por maltrato de menores. ¿Y sabes? No me dejé intimidar...

Para resumir, con mucho amor expresado verbalmente y miradas tiernas, tuve que utilizar la fuerza física para controlarlo y evitar que siguiera agrediendo. En ningún momento cedí ante sus ataques aterrorizantes de querer morder, arañar y patear. Le expresé que nada me haría salir de allí hasta que él pidiera perdón y obedeciera; que por amor a él, lo tenía que obligar a sujetarse.

SIEMPRE CEDERÁ EL MÁS DÉBIL

No sé cuánto tiempo estuve allí, pero pasó más de una hora. Estábamos empapados de sudor y extenuados por la lucha sin tregua que mantenía el muchacho. Continué con la disciplina expresándole que lo que me obligaba a mantenerme allí era el amor que sentía por él. Tal fue la fuerza, constancia y la perseverancia de aquel choque de autoridades, que cedió el más débil. Si algo yo tenía muy claro era que el débil *no era yo*. A ese "caballito" salvaje había que domarlo, y yo no pensaba salir de allí hasta lograrlo porque allí se definiría la vida del muchacho y nuestra paz, o lo perderíamos y cargaríamos todos la vergüenza de nuestro fracaso por no haberlo podido ayudar a través de la disciplina de corrección.

Finalmente, cuando el niño se dio cuenta de que yo no tenía fin y a su vez sus fuerzas se agotaron al punto que hasta casi se quedó dormido llorando, decidió calmarse y pedir perdón. Cuando finalmente su madre se lo llevó, yo pensé: "Definitivamente este niño jamás volverá a esta iglesia y probablemente su madre tampoco".

Tal fue mi sorpresa cuando un día los vi llegar a nuestra congregación nuevamente, que me quedé observándolo con una sonrisa bien tierna, ¡aunque preparado para cualquier cosa! El niño corrió hacia mí y, fuera de toda lógica humana, me abrazó las piernas y ¡no para morderme!

Los niños más apegados a mí son precisamente aquellos en nuestra iglesia cuyas madres solteras me han dado autorización para ayudarles a disciplinarlos.

¿Pueden imaginarse cómo me sentí? Lo abracé, lo besé, le expresé lo orgulloso que me sentía de él y cuán feliz me hacía el volverlo a ver en la iglesia. En ocasiones, cuando pasa a mi lado, me busca la mirada para evitar pasar desapercibido. Cuando lo descubro, corro hacia él; y jugando, hace que me huye, pero terminamos abrazados como si fuéramos padre e hijo. Ese niño descubrió que aunque su padre parece no haberse preocupado de él, hay alguien en la iglesia que lo ama con amor paternal. En cierta medida Dios lo puso ahí para suplir esa necesidad en su vida. Créanme, nunca más ha dado problemas, y sigue asistiendo a la iglesia.

¡Qué bueno es que, cuando nuestra familia consanguínea no pueda suplir alguna necesidad básica, podamos contar con otra familia que en cierta medida lo haga!

En el caso de madres solteras y niños sin padres, una congregación unida con un sentido de familia resulta en una bendición incalculable. Nos damos una mano en tantas cosas donde una ayuda de confianza es tan necesaria. La vida para los padres es difícil. Para las madres solteras o divorciadas es peor aún; y ¡qué bendición! es poder contar con una familia que está ahí siempre para ayudar a aliviar la carga.

EL AMOR, LA BASE
DE LA DISCIPLINA

NO ES NECESARIO aclarar que la disciplina tiene que ofrecerse en un contexto de amor y por amor, no como un desahogo de ira. Cuando el coraje es el motor de la disciplina se cometen serios errores de procedimientos, métodos e intensidad. Estos son los casos en que padres maltratan a sus hijos. Ahora bien, la disciplina debe ser aplicada desde el momento en que el niño empiece a desobedecer, tenga la edad que tenga. Hay que comenzar cuando ellos se resisten la autoridad. El que le dé lástima por él: "¡Ay bendito!", y porque no importa cuánto haya crecido siempre cree que "es muy tierno", no solo va a sufrir mucho como padre, sino que dañará el carácter de su hijo. No debemos temer a la disciplina si se aplica por amor y en amor, en la medida correspondiente a su edad. Hay que disciplinarlos cuando ellos comiencen a pedir disciplina, de acuerdo a su rebelión. Claro está, tenemos que asegurarnos de la razón de su comportamiento antes de corregir.

Por eso, no es conveniente que apliquemos disciplina de inmediato; tenemos que asegurarnos de ser justos en toda acción disciplinaria. Cuando son muy pequeños tenemos que asegurarnos que sus necesidades físicas básicas han sido cubiertas, inspeccionándolos por completo. Los niños también son atacados espiritualmente y necesitan ser cubiertos en oración por sus padres, ya que Satanás no respeta edades y atormenta también a los niños. Por lo tanto, pon tus manos sobre el niño y bendícelo. Además, debemos asegurarnos que las necesidades de compañía y afecto también hayan sido cubiertas. Pero si a pesar de todas las consideraciones de rigor, la "perreta" continúa y se calma de inmediato cuando le tomamos en los brazos, esto puede ser un claro caso de engreimiento. Luego de suplir su necesidad de compañía por un tiempo razonable, hay que aplicar disciplina para la salud emocional, mental y física de todos, y especialmente de la madre.

¿Cómo puedes evitar maltratarlos y asegurarte que la medida de la disciplina vaya a tono con la capacidad del niño? No es sencillo. Debes tomarte el tiempo con el niño para hablarle y explicarle las cosas aunque tú creas que él no está entendiendo. Háblale y dile por qué lo vas a disciplinar. Después que te hayas desahogado explicándole la razón de la disciplina y te hayas asegurado de expresarle tu amor antes de aplicar la *dosis*, entonces, procede a tono con su edad.

Para consolarlo después de la disciplina, abrázalo confirmándole verbalmente una vez más tu amor incondicional, a pesar de su comportamiento. Ora por él. No lo dejes solo hasta que se recupere completamente y se puedan sonreír mutuamente.

CÓMO HACERLOS SENTIR IMPORTANTES EN MEDIO DE LA DISCIPLINA

Otro aspecto de la disciplina que quizás te parezca extraño es ¿cómo hacer sentir importante a un hijo en medio de la disciplina? Una de las cosas que hace sentir a una persona importante es el tiempo que le dedicamos. Cuando saludas a una persona, la despachas rápidamente y no te detienes a conversar con ella, esa persona eventualmente entenderá que no es importante para ti. Un hijo descubre cuán importante es para sus padres por el tiempo que estos le dedican. Luego, con el correr de los años, nadie los convencerá de lo contrario.

Por ejemplo, hay padres que quieren disciplinar y solamente *tienen* un minuto para hacerlo; todo lo que van a hacer en el momento de disciplinarlo lo quieren vaciar en un minuto. ¡Error! Si vas a disciplinar a tu hijo tienes que dedicarle todo el tiempo que requiera el proceso.

Primero, tienes que dedicar tiempo hablándole y explicándole en amor la razón de la disciplina. A los niños les hace daño el ser disciplinados sin saber por qué lo están siendo. Si no lo entienden, les hace daño recibir la disciplina. Aunque parezca claramente lógico que él entienda, debes explicarle por qué razón lo vas a hacer. La clave del éxito en todos los sentidos es explicarle el asunto en amor.

DESAHOGA TU MOLESTIA HABLÁNDOLES

El dedicar tiempo para hablar tiene otro propósito. Este es el de desahogar la ira, el enojo o la molestia que te provocó su comportamiento. Es necesario que en ese momento le recuerdes cuánto lo amas; y por esa razón estás obligado a ejecutar la disciplina. El proceso de decirle estas cosas hace que se te neutralicen las pasiones provocadas por el mal rato. Cuando ya tienes todas tus emociones en control, entonces tomas conscientemente la "vara de la corrección" separada para la disciplina corporal.

Aplícale, según hayas calculado, lo que es justo. Si es por ofensa, aplícalo consciente de lo que estás haciendo; hazlo bien, con firmeza y por amor.

> *"No rehuses corregir al muchacho; porque si lo castigas con vara, no morirá. Lo castigarás con vara, y librarás su alma del Seol".*
>
> —PROVERBIOS 23:13–14

Por favor, no disciplines con lástima; hazlo con sabiduría, con firmeza, a la medida y siempre en amor para que tenga efecto. Cuando los padres disciplinan con lástima se faltan el respeto a sí mismos y lo peor, los niños se dan cuenta. Esto hace que el niño le pierda el respeto también a la disciplina. A veces ellos calcularán la "medida de dolor que van a sufrir" si desobedecen—que será ninguna o muy leve, porque sus padres lo hacen con lástima o temor—y decidirán violar las reglas conscientemente

y a propósito porque las consecuencias de su desobediencia son
tolerables.

Ganándonos el derecho a disciplinar

Debemos recordar que a un niño muy amado y cubierto de afecto y halagos le duele más ver a sus padres molestos por su desobediencia que el dolor mismo de la disciplina. Por eso es necesario
que los padres, antes de disciplinar físicamente a sus hijos, se
hayan "ganado el derecho a hacerlo" por medio del amor.

En otras palabras, hará mucho mejor efecto la disciplina de
un padre amoroso y afectuoso, que la de un padre que no ha
tenido tiempo para dedicarle al niño—y le ha faltado energía o
valor—para expresarle cuánto lo ama. En el momento de la disciplina yo le puedo decir que le amo; en efecto, debo decírselo y
enfatizar que la razón por la cual lo hago es por amor.

Muchas veces lo hice con lágrimas en mis ojos porque me
provocaba dolor el solo pensar que iba a tener que disciplinarlos.
Les decía: "Te voy a tener que pegar, pero no quiero que te olvides que lo estoy haciendo por amor". Ellos observaban mis lágrimas de dolor. Cuando le decía a un hijo "te amo" con lágrimas
en los ojos, les partía el corazón. Tan pronto les aplicaba la disciplina corporal, ellos en vez de gritar y patalear inmediatamente se me abalanzaban encima para abrazarme y decirme que me
amaban a mí también, y que por favor los perdonara. Creo fir-
memente que un momento de disciplina puede convertirse en un
momento de amor y comunión intensa entre un hijo y su padre.

La alabanza en medio de la disciplina

Un momento de disciplina puede ser también un momento de
alabanza."Te estoy disciplinando, pero no quiero que te olvides
que eres el orgullo de papá, y el orgullo de mamá; y porque eres
un tesoro para nosotros, tenemos que disciplinarte para que nunca dejes de ser lo que eres: una bendición".

Terminamos de aplicar la disciplina y ahora vamos al momento de la intimidad. Vamos a pedir perdón, vamos a abrazarnos, vamos a orar para sellar este difícil momento, para reunir nuestros corazones en comunión y amor. Este tiene que ser el fin de cada momento de disciplina.

Todo lo que expliqué anteriormente requiere tiempo. El padre que quiere salir del paso rápidamente, ¿qué va a hacer? Va a dejar a sus hijos en mal estado, los va a dejar heridos, va a dar la impresión equivocada: que los está rechazando. El propósito de la disciplina no se cumplió y lamentablemente quedó sin fruto. ¿Cuál va a ser la dinámica paterno-filial de esa familia? Los hijos se van a sujetar a sus padres porque no tienen otro remedio. Pero tan pronto comiencen a sentir que tienen libertad tendrán una doble vida: serán una cosa en el hogar y otra cosa en la calle. Los padres descubrirán eventualmente que nunca poseyeron el corazón de sus hijos. Tuviste su sujeción aparente, pero no tuviste su corazón. Esta realidad es frustrante y dolorosa.

CÓMO DISCIPLINAR SIN PERDER SU CORAZÓN

Como un ejemplo de esto, les narraré la siguiente experiencia. Soy microbiólogo y trabajé como gerente en una compañía farmacéutica. Casi a diario visitaba los laboratorios que supervisaba y una mañana observé a una de las técnicas de laboratorio algo triste. Le pregunté si podía ayudarla en algo, y luego de un poco de evasión, comenzó a contarme:

"Soy una mujer cristiana que no podía tener hijos. Después de mucho orar y rogar durante años por un hijo, Dios me concedió dos hermosas niñas. Mi tristeza viene por un incidente con una de ellas. Hace unos días mientras cocinaba sentí un ruido continuo en la puerta de la habitación de mi hija mayor. Me acerqué para averiguar qué pasaba. Le pedí a mi hija que abriera la puerta, pero ella se negó. Por más que insistí, no quiso abrir y parecía molesta y llorosa. Me desesperé; golpeé y empujé tanto la puerta hasta que finalmente mi hija abrió. Para mi sorpresa, descubrí que mi hija había escrito con un marcador negro por detrás de la puerta: "¡Mamá, te odio! ¡Mamá, te odio!".

Esa mujer comenzó a llorar sin consuelo diciendo: "Después de tanto pedirle a Dios por una hija, ¿cómo me puede estar pasando esto?".

Tan pronto pude le pregunté: "¿Cómo disciplinas a tus hijas?".

Inmediatamente se compuso y comenzó a explicarme con mucha convicción el método que usaba. Me dijo: "Soy muy firme con mis hijas y las disciplino para sacar lo mejor de ellas. Después de disciplinarlas, las mando para el cuarto; las castigo y mantengo el resto del día mi carácter firme hasta que llega la noche. Cuando las voy a acostar, oro con ellas, las abrazo; las beso".

Entonces le pregunté:

—Y últimamente, ¿cómo reacciona ella cuando la besas en las noches?

—Me vira la cara para que no la bese. Pero pensé que eso se le quitaría.

Le sugerí cambiar el método por el que yo practico con los míos, el cual resumo como los 10 Mandamientos para la Disciplina Infantil, que resumo a continuación:

1. Explicar el porqué de la disciplina.
2. Afirmarle que lo haces por amor.
3. Halagarlo por sus virtudes, razón por la cual se disciplina: para que no pierda esas cualidades.
4. Disciplinar.
5. Hacerle compañía mientras llora, abrazándolo, besándolo y repitiéndolo que lo has hecho por amor.
6. Ayudarle a controlar poco a poco su llanto para que puedan volver a hablar.
7. Dirigirle a pedir perdón a Dios y a quien agravió.
8. Orar por tu hijo y llevarlo a reconciliarse con el agraviado.

9. Afirmarle tu amor con abrazos, besos y felicitaciones por haber obedecido durante el proceso.
10. Quedarse un rato con el niño para hacer alguna actividad de juego o entretenimiento.

Ella no quiso aceptar mis recomendaciones porque me dijo que tanto despliegue de amor durante la disciplina le restaba autoridad al proceso y eso haría que sus hijas le faltaran el respeto.

Dejé de verla por un tiempo. Caminando por un pasillo de la compañía, me topé con ella y corrió a alcanzarme. Me dijo: "Aunque le dije que no me gustaba su método, sin embargo lo intenté. Luego de varias semanas, mientras estaba cocinando comenzó a repetirse aquel ruido detrás de la puerta de la habitación de mi hija mayor. Corrí para verla y abrir la puerta, y una vez más ella se negaba. Me decía que esperara, pero no la abría. Como seguía oyendo el ruido casi tumbo la puerta. Cuando mi hija abrió, me dijo llorando: "Mamá, perdóname lo que escribí en la puerta... estoy tratando... pero no borra. ¡Te amo mamá, te amo!".

Esta señora me abrazó con lágrimas en sus ojos y me dio las gracias por haberla ayudado a recobrar el amor de su hija.

DISCIPLINA DE HIJOS VARONES

Existe una gran diferencia en la disciplina de hijos varones en comparación con la disciplina de hijas. Me refiero a que, en la dinámica de la disciplina, el sexo juega un papel importante en el desarrollo emocional del hijo varón.

Los varones poseen una naturaleza masculina que tiende a apegarse mental, emocional y físicamente con la figura de su padre a partir de los 7 u 8 años aproximadamente. Alrededor de esta edad es donde los varones empiezan a reconocer y desear el desarrollo de su hombría. La *necesidad* de la presencia de su padre se hace imperiosa. El niño comienza a descubrir los atributos masculinos de su padre; lo admira y quiere ser como él. En ocasiones esta atracción puede ser tan fuerte que aunque las actitudes del padre no sean las mejores, no obstante, lo admira y quiere imitarlo. Es entonces cuando el niño desea abrazarlo, tocar los músculos del brazo de su padre y acompañarlo a todo lugar.

Hay padres que se sienten inseguros cuando su hijo comienza a manifestar esta atracción hacia ellos. Dudan de la naturaleza de esta necesidad y comienzan a retirarlos o despegarlos creyendo que así asegurarán la definición apropiada de su personalidad varonil. No saben que están, precisamente, provocando lo contrario. Están impidiendo una intimidad sana que transmite o imparte masculinidad de una generación a otra. Cuando los padres ignoran este proceso natural necesario, y no lo suplen, crean un varón subdesarrollado emocionalmente que sentirá atracción por la figura varonil. Este desarrollará la personalidad que su padre deseaba crear en él, pero en su interior, ocasionalmente, sufrirá en silencio esta inclinación que la naturaleza puso en su interior para que fuese satisfecha por su padre, pero que por temor o inseguridad se quebró.

Imagínense cuando un niño varón a la edad crítica de los 7 a 9 años es desprovisto de la presencia afectuosa de su padre, o peor aún, cuando sufre la ausencia total del mismo. Aquí es donde se crean vacíos existenciales en los niños varones que no tuvieron la oportunidad de intimar en este contexto de masculinidad sana entre padre e hijo. Esta es una de las razones de por qué hay tantos varones jóvenes y adultos que necesitan constantemente "probar" su hombría ante los demás. Llevan una lucha a menor o mayor grado de insatisfacción propia. Estos son las víctimas fáciles de las compañías de publicidad que logran venderle cualquier producto propio de "hombres", aprovechándose de esta necesidad no suplida: carros deportivos, revistas de chicas hermosas, licor, cigarrillos, etcétera. Todo aquello que pueda hacer sentir a cada varón "más hombre" será fácil vendérselo.

Ahora bien, dentro del contexto de la disciplina, este vínculo o eslabón emocional debe ser utilizado para efectivar más los resultados de la disciplina. Me refiero que a los varones se les hace más fácil digerir la autoridad y disciplina cuando viene del padre que cuando viene de la madre. La identificación con la figura del padre hará que el niño ceda con más facilidad cuando este sea confrontado. La autoridad del padre es deseada y hasta cierto punto anhelada, siempre y cuando se aplique con firmeza y amor, ya que el proceso los acercará, los unirá e impartirá la estabilidad de la sujeción.

No obstante, el ejercicio de la autoridad de la madre comienza a ser ofensivo cuando el niño comenzó a reconocer su hombría. A la medida que el niño va madurando sentirá que la madre le falta el respeto cuando lo trata como un niño y lo disciplina muy fuertemente. Este podría sujetarse y seguir las reglas impuestas por su madre, pero en su interior lleva una ira reprimida contra ella o contra la figura de la mujer.

El problema mayor probablemente no lo sufrirá la madre, sino aquella mujer con quien eventualmente se case este niño. Esta esposa inocente pagará "los platos rotos", ya que cualquier crítica que levante, cualquier orden que le dé a su esposo o cualquier expresión de disgusto que exprese se tomará o interpretará como una falta de respeto hacia él. Toda la ira que este niño no pudo desahogar contra su madre ahora la arrojará contra su esposa. Será poco tolerante hacia cualquier resistencia que su esposa le ofrezca. Por lo tanto, niños disciplinados mayormente por las madres son propensos a ser maridos duros, agresivos e intolerantes.

Esto no significa que ahora las mujeres no pueden disciplinar a los niños varones. De hecho, las madres deben hacerlo todas las veces que sea necesario, siempre y cuando su marido no esté en casa. En ausencia de este, ella debe imponer disciplina en nombre de su esposo y siempre aclarar que cuando regrese el padre, el niño tendrá que atenerse a las consecuencias del juicio de él. En otras palabras, la madre se presentará sin excepciones como delegada de su esposo al ejecutar el control disciplinario necesario. Su responsabilidad será informar siempre a su esposo de los acontecimientos y dejar a su discreción si añadirá algún otro elemento correctivo. Aquí el padre hará valer la autoridad de su esposa delante de los hijos para que ellos entiendan que ella opera en la autoridad delegada de su esposo. En conclusión, debemos ayudar a que llegue este mensaje a la mente del niño: "Mamá me disciplina con la autoridad de papá, y papá hace valer la autoridad de mamá".

Si el marido está en casa, la disciplina debe ser ejecutada por el padre por las razones antes expuestas. Claro, esto tiene que ser bajo mutuo consentimiento, ya que la tentación más común es que el padre no quiera disciplinar por el poco tiempo que está en la casa para *no dañar el ambiente ni la comunión con los muchachos.* Pero el que ha entendido la bendición que la disciplina representa para el buen desarrollo emocional y espiritual del niño, no va a escatimar esfuerzos para hacer lo que haya que hacer hasta lograrlo.

Para aquellas madres que han tenido que criar sin un padre en la casa, no debe haber problema con que ella ejecute la disciplina, pero reconoce que de vez en cuando debes "calibrar" el corazón de tu hijo, reuniéndote con una figura varonil cristiana preferiblemente de la familia o de la iglesia, para que junto a tu hijo le informes cómo va la dinámica mamá/hijo y los momentos más significativos donde han tenido problemas y te has visto en la necesidad de aplicar disciplina. Esta figura de autoridad varonil te afirmará delante de él y le pedirá cuentas a él por su comportamiento. Servirá muy efectivamente para ayudar al niño o adolescente a reconocer tu autoridad y someterse a ella, ya que entiende que eres la delegada de esa figura que por solo ser hombre, ya lo respeta.

ESTO TRAERÁ GRAN DESCANSO A LAS MADRES

Recuerdo oír a mi esposa compartir con las demás madres acerca del descanso que representaba para ella cuando yo llegaba a la casa. Este servidor se hacía cargo de la supervisión y control de los niños, y de la disciplina si era necesario. Cuando comenzamos a aplicar este principio, aún cuando estuviera cansado, yo tenía que sentarme a nivel de reunión familiar para que mi esposa me informara del comportamiento de los niños. Cuando se habían portado bien, los felicitaba con abrazos, besos y elogios. Cuando se habían portado mal, tenía que evaluar la situación para aplicar la medida correctiva correspondiente.

En poco tiempo este ejercicio produjo frutos, los niños se comportaban en mi ausencia como en mi presencia. Además se protegió el corazón de nuestro hijo varón para que no desarrollara ninguna animosidad contra su madre ni contra su futura mujer, y para que supiera ser manso y humilde sin temor a perder autoridad varonil. ¡Créanme, lo logramos!

Nuestro hijo varón tiene una personalidad exquisita. A Dios sea la gloria, que nos dirigió a formarlo utilizando estos procedimientos de disciplina en equipo como padres, donde mi esposa logró aprender a respetar la dignidad varonil natural de nuestro hijo disciplinándolo en mi nombre, cediéndomelo por completo desde que alcanzó la edad de iniciarse en la masculinidad. Estos mismos resultados se pueden obtener si una madre criando sola toma las precauciones de buscar "cobertura" para poder disciplinar con la autoridad delegada correspondiente.

¿QUÉ DE LA DISCIPLINA EN CASO DE MATRIMONIOS COMPUESTOS?

Lamento muchísimo ver cómo una gran cantidad de parejas en segundas nupcias se están divorciando porque se hace insoportable para ambos el ambiente familiar por causa de los conflictos con los hijos de ella, sobre los cuales él siente que no tiene autoridad. A los hombres de familia que saben cuál es su papel, se les hace prácticamente imposible manejar conflictos donde tienen que permanecer como espectadores y no pueden dar a valer la autoridad de su esposa delante de sus hijastros, sencillamente porque se estableció una ley equivocada, de "No intervención" con los que no son tus hijos. "Tú manejas a tus hijos y los disciplinas como quieras, y yo manejo los míos", así dicen muchas madres.

Muchas veces se reclama que esos niños tienen padre que, aunque no vive con ellos, es el responsable de intervenir y resolver. La realidad es que ningún padre que no pasa tiempo con sus hijos podrá tomar acciones correctivas correspondientes, si no fue testigo ocular de lo sucedido o por la razón de que se hace difícil disciplinar cuando casi no se ven. Por lo general, el resultado es que no se toman medidas, mientras el padrastro tiene que soportar la dinámica de cómo se le falta el respeto a su esposa y cómo el desorden y la indisciplina, además de la falta de respeto, se apoderan del hogar. Cuando los niños aprenden que el padrastro no puede intervenir y este comenta algo o trata de cooperar con su esposa, comienzan a faltarle el respeto a él y le advierten que se lo informarán a su papá biológico o a las autoridades. En fin, se arma el "lío de los pastores".

¿Moraleja? Los principios de orden familiar están claramente establecidos en la Palabra de Dios. Los padres son cabeza y los hijos deben dar honra y respeto a sus padres. Esto significa que como Dios no va a inventar nuevas leyes para ajustarse a las nuevas composiciones familiares, tenemos que aplicar los mismos principios a cualquiera que sea nuestra situación. Por lo tanto, los padrastros tienen que estar investidos de toda autoridad para amar, criar y disciplinar a sus hijastros. Obviamente, esto requiere de otro prerrequisito antes de que se forme ese nuevo matrimonio. Antes de casarse, el futuro padrastro tendrá que ganarse el corazón de los que eventualmente se convertirán en sus hijastros. La señal de que llegó el tiempo de la boda es cuando los hijos de la señora empiezan a preguntar cuándo se casarán. Es muy difícil que los niños acepten a un padrastro de "golpe y porrazo" en su casa, sin haber tenido la oportunidad de digerirlo y aceptarlo en sus corazones. Si él eventualmente tendrá que tomar autoridad, primero tiene que ganarse esa autoridad desarrollando una relación saludable con cada uno de ellos. Por eso las parejas en segundas nupcias deben tomarse más tiempo antes de unirse en matrimonio. Por lo general, ocurre todo lo contrario.

Ahora estos niños tienen dos padres para ayudarlos a crecer saludablemente; al biológico y al padrastro. Ambos deben apoyarse en la tarea de criar y formar a sus hijos; nunca mezclar los conflictos matrimoniales pasados o presentes con el ejercicio de la paternidad. Todo hombre que vaya al matrimonio bajo estas circunstancias debe exigir que este sea el orden porque de lo contrario, créeme que te las vas a ver "negras" y te vas a arrepentir de haberte metido en semejante rollo. ¡Los he visto divorciarse, amándose! Y no quieren dar vuelta atrás porque el trauma es grandísimo, sobre todo para el hombre.

¡QUE NADIE INTERFIERA EN TU DEBER!

Siempre que los padres se proponen disciplinar, aparecen de inmediato los caudillos defensores de nuestros niños: *los abuelos*. Tenemos mucho que agradecerle a los abuelos, pues nadie como ellos para amarlos y complacerlos en todo. El problema es que los abuelos, por lo general, no se dan cuenta de cómo interfieren en la disciplina saludable de sus nietos. Les da lástima. A veces criticarán abiertamente a los padres por considerar exagerada e innecesaria la disciplina. Esta dinámica traerá confusión a los niños y malestar en la relación de los padres con los abuelos, sobre todo si son suegros. Como consecuencia, podría traer problemas en el matrimonio. Por lo tanto, hay que impedir la interferencia.

En nuestro caso, tuvimos que explicarles a los respectivos padres cuál era nuestra *filosofía*, cuál sería nuestra metodología y cuáles tenían que ser las reglas del juego para evitar problemas entre nosotros como familia extendida. La conversación fue tan formal que llegó el mensaje y dio resultados.

Este acuerdo impartirá seguridad en medio de la disciplina. ¿Cómo es esto? Por ejemplo, si tu esposo está disciplinando: ¡Mujer, no te atrevas a interrumpir para contradecirlo! La división entre padres crea inseguridad. El mismo principio que apliqué cuando hablé de la necesidad de seguridad aplica en el contexto de la disciplina. Si los hijos no ven unidad entre sus padres, se confunden; entonces, les hace daño la disciplina porque no la entienden. Si sus padres están divididos, sus razonamientos se dividen y dejan automáticamente de entender.

Si tu esposo no está utilizando los razonamientos o el método correcto, corrige a tu marido después, *en privado*. Si él tiene que arreglar algo que hizo mal, que sea él quien lo arregle con el niño; que sea él quien pida perdón y restaure lo que tenga que reconstruir. Pero en ese momento, no cometas el serio error de restarle autoridad a tu cónyuge en presencia de tus hijos. Tanto daño hace el que contradice al cónyuge que disciplina, como el que disciplina mal.

Ambos tienen que cuidarse mucho en esto porque hay hombres que no tienen carácter para disciplinar a sus hijos y entonces las esposas se ven en la obligación de asumir el papel de autoridad y disciplina. Entonces luego reciben la decepción de ser regañadas por sus esposos porque ellos no están de acuerdo con la disciplina, y peor aún, lo manifiestan frente a los niños. Ambos tienen que mostrarse en armonía aunque no necesariamente estén de acuerdo en todo.

Repito, si tienen que corregirse, háganlo en privado para que luego, el que disciplinó regrese y enmiende con el niño si fuera necesario.

AMOR: ¿NO ES OBVIO?

Todo niño que se siente amado por sus padres gusta con mayor facilidad de la presencia de Dios. Probablemente muchos dirán en estos momentos: "Pastor Rey, son innecesarios los detalles explicativos. Esto todo el mundo lo sabe". ¿Es obvio, verdad? ¿Qué padre no ama a su hijo?

Bueno, ¿cuántas veces al día los abrazas? ¿Cuántas veces al día los besas? Hago estas preguntas porque para algunos de nosotros es *el pan nuestro de cada día* porque nos pasamos abrazándolos y besándolos, y todo el tiempo los *arropamos* en afecto físico. Penosamente hay muchísimas familias, inclusive cristianas, donde estas demostraciones no se ven. Dan por sentado que los aman; eso es todo. De hecho, uno de los problemas más comunes es que algunos padres logran ser muy afectuosos mientras sus hijos son muy pequeños, pero a medida que van creciendo, el afecto entre padres e hijos va menguando. ¿Por qué tiene que ser así? Si cierto es que los niños pequeños en gran medida dependen del amor de sus padres para desarrollarse saludablemente, no es menos cierto que los adolescentes y jóvenes lo necesitan de igual manera. Por lo tanto, no debe haber razón alguna para dejar de ofrecer afecto físico, cariño y expresiones abiertas de amor a nuestros hijos, independientemente de la edad que tengan.

Hay jovencitos que cuando llegan a la adolescencia ya no quieren que sus padres les expresen amor en público, pensando que se van a mofar de ellos. Sin embargo, y para sorpresa de ellos mismos, descubren que son admirados por sus compañeros por la relación que existe entre ellos y sus padres. Algunos compañeros hasta les ofrecen en broma cambiar a sus padres para poder disfrutar de aquello que algunos dan por sentado.

¡Es que yo no soy así!

Hay quienes justifican el no ser cariñosos ni afectuosos, por su personalidad. Te haré un cuento…Mi temperamento era ser poco o nada expresivo. Me gustaba ser introvertido, ya que había creado un mundo privado donde nadie entraba y del que pocas veces yo salía. Las dificultades que tuve me hicieron descubrir y concientizar que mi familia, empezando por mi esposa, necesitaba que yo aprendiera a ser más expresivo y libre en el amor. Tuve que esforzarme mucho porque para aquel que no está acostumbrado a ser así, le podría hasta sonar ridículo estos despliegues de romanticismo o cariño "desmedido". Tan pronto comencé a aplicar estos principios de "siembra de amor", la cosecha no tardó en aflorar. El beneficio no se limitó a mi esposa e hijos, sino aun a mí mismo. Ahora me sentía mejor conmigo mismo. El haber superado una limitación de mi personalidad me ofreció libertad, seguridad y confianza que no poseía.

El ser libre para amar me hace sentir más maduro, capaz de enfrentar la vida y más hábil para ganarme el corazón, no solo de mi familia, sino también de la gente que me rodea. Yo no era así, pero agradezco a Dios que me cambió, añadiendo elementos a mi temperamento y personalidad que han enriquecido mi vida. No se diluyó mi personalidad ni dejé de ser yo, solo se enriqueció. Ahora soy un mejor hombre.

¡Wow! Yo solo sé una cosa, que si Dios no nos hubiera demostrado su amor con acciones, ni tú ni yo hubiéramos estado gozando de nuestra relación con Él. La personalidad de Dios es ser afectuoso en el amor y demostrarlo en acciones; por lo tanto, todos nosotros hemos sido llamados a imitar la personalidad de Dios.

Descarta esa personalidad que te hace ser seco y poco afectuoso, y decide adoptar la personalidad de Dios. Tengamos esto por regla, tengámoslo por ley: "El amor no expresado, aunque sea amor, es un amor sin fruto". Podrá ser amor, no lo pongo en duda, pero queda improductivo.

La Palabra de Dios es clara con respecto al amor. Este tiene que llevar mucho fruto. Así está definido en:

> "Si yo hablase lenguas humanas y angélicas, y no tengo amor, vengo a ser como metal que resuena, o címbalo que retiñe. Y si tuviese profecía, y entendiese todos los misterios y toda ciencia, y si tuviese toda la fe, de tal manera que trasladase los montes, y no tengo amor, nada soy. Y si repartiese todos mis bienes para dar de comer a los pobres, y si entregase mi cuerpo para ser quemado, y no tengo amor, de nada me sirve. El amor es sufrido, es benigno; el amor no tiene envidia, el amor no es jactancioso, no se envanece; no hace nada indebido, no busca lo suyo, no se irrita, no guarda rencor; no se goza de la injusticia, mas se goza de la verdad. Todo lo sufre, todo lo cree, todo lo espera, todo lo soporta. El amor nunca deja de ser; pero las profecías se acabarán, y cesarán las lenguas, y la ciencia acabará".
>
> —1 Corintios 13:18

EL AFECTO FÍSICO ES IMPRESCINDIBLE

Por lo tanto, el amor que no tiene fruto de nada sirve, no tiene valor alguno. Por consiguiente, el afecto físico es imprescindible. *No es un asunto de personalidad, sino un asunto de libertad.* En otras palabras, a medida que tú seas libre, podrás amar y ser afectuoso sin inhibiciones.

¿Eres libre, o estás atado a tu pasado? Pregunto esto porque la mayoría de las personas tratan a los demás como fueron tratados. Como a ti no te dieron cariño y no te supieron besar, como no recuerdas cuándo te dijeron cara a cara que te amaban, pues por esa razón te cuesta trabajo hacerlo con otros. Tú reconoces que eres frío o fría para expresar ese amor *porque a mí no me lo dieron*. Pues yo te respondo: "Destruye esa maldición y sé libre". Atrévete a hacer lo que no hicieron contigo. Te aseguro que bendecirás a los tuyos y lo disfrutarás.

Hay quienes pueden llegar a cierto grado de afecto, pero no pueden mirar a la pupila de los ojos del otro a quien le quieren expresar amor. No pueden decirle: "¡Te amo, no te imaginas cuánto te amo!", mirándolo a la pupila de los ojos. ¡Cuánto necesitan nuestros hijos que en momentos dados les tomemos el rostro y penetremos su mirada, y como metiéndonos por sus pupilas les digamos: "Le ruego a Dios que me ayude a demostrarte durante toda mi vida, cuánto te amo. Y no importa qué edad llegues a tener, que pueda yo siempre convencerte de cuánto te amo!".

Lector, entiende bien. Esto va a sacudir y a estremecer el alma de tus hijos y la tuya. A mí nunca me expresaron amor así, pero el día que comencé a hacerlo con mis hijos, fui impactado espiritual y emocionalmente. Una unción especial se desata en esta clase de expresión de amor. ¡Esto es verdadera libertad! ¡Aleluya!

EL AMOR EXPRESADO ES MEDICINA CONTRA LA PROMISCUIDAD

Por lo general todos respondemos favorablemente a las personas que nos ofrecen un trato que necesitábamos recibir, máxime si lo hemos echado de menos de aquellos de los cuales esperábamos ese trato, entiéndase nuestros padres. Se nos hace difícil resistir el acercamiento de aquellos que vienen con intenciones cuestionables o malas porque astutamente nos están ofreciendo el alimento que nuestra alma hambrienta de atenciones, cariño y compañía necesitaba. Resistimos la tentación por los principios morales que abrigamos y porque procuramos llenar ese vacío con nuestra relación de amor con Dios, el único capaz de llenarlo por completo. Aunque venzamos, no obstante, se nos puede hacer difícil resistir la tentación de aceptar compartir íntimamente con aquellos que gratuitamente nos saturan de esas atenciones que nos hacen sentir especiales.

Si es difícil para el adulto resistir el acercamiento a su vida de las personas equivocadas que lo tratan con tanta *supuesta admiración* y amor, ¡cuánto más a los adolescentes y jóvenes que están en una etapa de transformación donde necesitan tanto la afirmación y aprobación de su núcleo íntimo familiar! Cuando en una familia no existe o hay poco afecto físico y expresiones de amor, aceptación y perdón práctico reconciliador, exponemos a nuestros hijos a tentaciones difíciles de resistir.

Cuando una joven vacía por la frialdad del ambiente familiar comienza a ser tratada con todas las atenciones y tratos especiales de aquellas "amistades" de varones con altos "niveles hormonales", a ella se le hará difícil resistir e impedir que él continúe acercándose peligrosamente (aún en términos sexuales). Es que emocionalmente ella está sedienta y eso la hace débil. En ocasiones, aunque sepa que está mal lo que está pasando entre ella y su amigo o novio, no obstante continúa porque *siente que lo necesita*. Ahora teme romper la relación por temor a volver a experimentar ese vacío en que vivía en su ambiente familiar. No es el mejor candidato para ella, pero llena un espacio que la hace sentir bien tan solo ocasionalmente.

Todo lo anterior sería bien difícil que ocurriera con aquellos jóvenes que tienen amor y afecto abundante en sus hogares. No digo que sería imposible que ocurra, pero sí sería muy difícil que se dé en circunstancias de un ambiente familiar saludable. En mis tantos años como pastor he escuchado a cientos de jóvenes que me han abierto su corazón con transparencia y me han confesado que lo único que estaban buscando en la relación era cariño, alguien que los escuchara con interés y compartiera con ellos; que nunca fueron pensando en lo sexual. Cayeron en esta conducta porque esta clase de intimidad emocional lleva a lo otro cuando no estamos sanos y no hemos desarrollado nuestra dignidad interior a través de nuestra relación con Dios o nuestros padres.

Cuando se lamentan por haber cedido a causa de las consecuencias, como lo es un embarazo o el abandono por parte de
aquel que creyeron que era su amigo fiel y su admirador, entonces "explotan" en llanto confesando que si en sus hogares hubieran tenido un ambiente de amor, aceptación y afecto físico, ellas
no hubieran caído en tal desgracia. Varios libros escritos en relación al tema "el verdadero amor espera", responsabilizan a los
padres poco amorosos y afectuosos que no les dedican tiempo a
sus hijos por esta epidemia de promiscuidad sexual.

Otra vez, recuerden, que los hijos devengan el placer de ser
amados no solo por el afecto que les ofrecemos personalmente, sino también por el amor que nos expresamos mutuamente
los padres. Los hijos sienten el placer de ser amados cuando los
padres se demuestran amor el uno al otro. Es indescriptible lo
que un niño siente cuando ve ternura y cariño en la pareja de
sus padres. Así también es indescriptible lo que sienten cuando
observan el rechazo y la discordia en sus palabras.

Esto es tan así, que aunque seas amoroso con tus hijos, si
no lo eres con tu cónyuge, el amor que les ofreces a ellos como
hijos no les satisface del todo. Es como si sintieran: "Si no amas a
mamá o papá, no me amas a mí, o me niego aceptar tu amor. Pre-
feriría que no me abraces ni me beses y que lo hagas con mamá
o papá. Estoy dispuesto a negarme la bendición de tu afecto con
tal de que ustedes se amen".

GÁNATE EL DERECHO A CORREGIR

UNA CUALIDAD MUY importante en aquellos padres que quieren ganar el corazón de sus hijos para conducirlos a la presencia de Dios, es aprender a halagarlos. ¿Por qué? Porque no nos damos cuenta que en la mayor parte del día, la comunicación con nuestros hijos se centra en la corrección. ¿Cuántas veces tuvimos que corregir a nuestros hijos durante el día en contraposición a las veces que los halagamos o los alabamos?

No me malinterprete, no es que no debemos corregirlos cuando sea necesario para poder *balancear* las expresiones de regaño versus las alabanzas. No es eso. Podemos corregir y regañar todas las veces que sea necesario. Pero aun durante ese momento de corrección, podemos adornar nuestras expresiones con alabanzas. Por ejemplo: "Te estoy regañando, pero quiero aclararte que para mí tú eres un ser extraordinario, en esto y en esto otro (describe detalladamente en qué es extraordinario), pero tengo que regañarte precisamente por eso, para que nunca dejes de ser lo que eres. Y aunque yo estoy molesto contigo por lo ocurrido, sin embargo, sigo orgulloso de ti. Y si te corrijo es porque te amo".

PRACTICA EL PROFETIZAR SOBRE TUS HIJOS

Tenemos que aprender a profetizar sobre nuestros hijos. No los maldigas. ¿Qué quiero decir con esto? Un ejemplo: "En verdad yo no sé lo que será de tu vida; pero sí sé que si continúas así te comerá la miseria porque eres tan…". Lo anterior es una profecía de maldición. Puedes regañarlo y debes corregirlo porque *parece,* pero ¡no lo es!

Precisamente esto es lo que tienes que decirle: "Porque tú eres un niño limpio y por cuanto tú has nacido en una familia de gente limpia, yo no puedo permitir que te conviertas en otra cosa que no eres. Si hay niños a los que les gusta ser puercos, tú no lo serás jamás. No te lo voy a permitir porque te amo". Fíjense que estoy utilizando palabras fuertes, pero el mensaje es todo el tiempo positivo: "Tú eres un niño limpio. Yo alabo esa virtud en ti, y no voy a permitir que pierdas esa virtud".

Acuérdate que la fe es la certeza de lo que se espera y la convicción de lo que no se ve. "Yo estoy convencido que tú no vas a ser así, por lo tanto no lo eres, y yo voy a impedir que tú lo seas". Aprendamos a profetizar entendiendo que no estamos mintiendo; estamos condicionando a nuestros hijos hacia la dirección correcta. Si no los condicionamos nosotros, aparecerán otros como la televisión, internet, amigos, etcétera, que lo harán.

Ayúdale a neutralizar sus complejos

Convéncelos de sus virtudes hablándoles todo el tiempo con halagos acerca de ellas. En varias etapas del desarrollo, nuestros hijos entran en cruciales momentos donde se manifiestan los complejos. Cuando esto sucede, lo más efectivo para neutralizarlos son las alabanzas de sus padres. Hay complejos tanto en niñas como en varones.

Aquí los padres pueden jugar un papel importantísimo al ayudar a sus hijos a desarrollar un autoconcepto no más bajo ni mayor del que deberían tener. Somos responsables de afirmarlos cuando están en "baja" y alentarles con la idea de que nosotros también, por dar un ejemplo, tuvimos nuestros cuerpos que nos parecían desproporcionados durante la pubertad; comentarles además que, a medida que fuimos madurando se corrigió, y que si ahora nos admiran por algunos de nuestros atributos físicos como adultos, ellos también llegarán a desarrollarse de igual forma.

Aquí debemos aprovechar para ministrarles con respecto al orgullo, ya que el origen del orgullo son los complejos. Aquel que estuvo acomplejado por algún atributo, cuando eventualmente mejora, experimenta un grado de orgullo y en alguna medida más o menos, deseará exhibirse (vanidad). También hay que advertirles de ese otro extremo del complejo. Debemos decirles: "Tú no serás un acomplejado(a), ni un vanidoso(a) por los dotes o atributos que Dios te dio; oye bien este consejo...".

¡Quién mejor que los padres para hablarles, explicarles, darles consejos y advertirles en un ambiente de alabanzas de qué cosas van a vivir! Se las estamos adelantando para ayudarles a salir victoriosos de esas dificultades naturales de la vida.

LA LEY DEL CAMALEÓN

En las compañías se enseña a la supervisión y gerencia sobre la "ley del camaleón". En las oficinas de administración de personal esta ley es uno de los principios utilizados para mejorar la productividad de los empleados.

Les explico de qué se trata. El camaleón es una especie de reptil que tiene la habilidad de camuflarse según el ambiente en que se encuentra. Cuando cambia el escenario o el ambiente donde se encuentra, el camaleón se ajusta a los colores de ese paisaje. Un camaleón en un ambiente de mucha vegetación se tornará verde. Si se encuentra en un ambiente de muchos árboles secos, se tornará de color marrón. Si estuviera en pedregales de un río, tomará un tono algo negruzco.

Esta ley aplicada a empleados de una compañía dice que si continuamente le hablas del potencial que él posee para hacer un mejor trabajo, lo alabas y lo animas expresándole que él puede llegar más lejos en cuanto a calidad, etcétera, este comenzará a esforzarse para cumplir con las expectativas que su jefe tiene de él. El jefe crea la expectativa (el ambiente) y el empleado se ajusta conforme a la expectativa que se tiene de él. A veces las personas no creen que tengan tales capacidades, pero si alguien cree en ellos lo suficiente y los entusiasma a intentarlo, pueden descubrir, para su propia sorpresa, que sí podían con tales responsabilidades y niveles de productividad.

APLICAR LA LEY CON TUS HIJOS

Cuando nuestra hija Frances se iba a graduar de escuela superior, ella expresaba su preocupación por Rey Jr., su hermano. Frances entendía que él era muy dependiente de ella, y creo que en cierta medida era verdad, porque así se acostumbró. Frances siempre fue muy ordenada, líder natural, de iniciativa, hacendosa y cuidadosa con sus cosas desde pequeña. Como Rey era despistado y siempre jugaba mientras su hermana planificaba su vida y la de él, ahora que Frances se graduaba, ella estaba muy preocupada porque no sabía qué iba a ocurrir con su hermano, el cual esperaba que ella pensara por él para hacer las cosas.

Recuerdo que reuní a toda la familia, incluyendo a mi madre que convivía en aquel entonces con nuestra familia, para detener los comentarios frecuentes de preocupación por la supuesta incapacidad de Rey de valerse por sí mismo. Reconocí que eran bien intencionados esos comentarios porque todas lo amaban mucho, pero estaban levantando una expectativa de incapacidad que era incorrecta. Este era el momento preciso para ayudar a Rey a descubrir su potencial de manejar maduramente su vida y de desarrollar liderazgo e iniciativa.

En ocasiones yo hacía comentarios mientras compartíamos la cena: "A la verdad, este muchacho les va a dar una sorpresa a todos. Ya verán. Ahora que no tiene la protección de Frances, que no tiene a quien pensaba por él, va a sacar toda esa inteligencia y demostrará lo que estaba dormido en cuanto a carácter". La madre, hermana y abuela decían: "Amén", pero con una mirada de incredulidad, como quien dice: "Dios te oiga".

Ocasionalmente me reunía con él y le aconsejaba: "Rey, Dios te hizo cabeza y no cola. En otras palabras, Dios te hizo hombre y eso por consecuencia te hace líder. Las mujeres necesitan hombres firmes, capaces de dirigir, planificar y tomar decisiones sabias que los hagan sentir seguras. No puedes esperar a enamorarte y casarte para empezar a desarrollar estas cualidades del carácter que toman tiempo aprender. Obsérvame más y cuando necesites ayuda, por favor, consúltame, yo quiero ayudarte a sacar todo ese potencial que hay en ti".

Tomaría mucho tiempo contar todo lo que resultó de esto, pero voy a resumirlo en lo siguiente. Rey desarrolló de inmediato una iniciativa que nos sorprendió a todos. Solicitó admisión para tomar cursos universitarios como estudiante de escuela superior y fue aceptado. Comenzó a dar ideas creativas para organizar la clase graduanda de la escuela superior y fue nombrado presidente de la clase. Fue honrado como estudiante del año y el mejor testimonio cristiano en la graduación de cuarto año de escuela superior. Asumió una participación más activa en el grupo de jóvenes de la iglesia y fue nombrado presidente de los jóvenes. Aceptó colaborar en un programa radial para jóvenes llamado "Toque de Queda" y terminó como uno de los comentaristas ancla del programa. De ahí en adelante ha tenido muchos logros en su vida como estudiante y líder. Hoy es pastor de jóvenes en nuestra congregación y es invitado a predicar dentro y fuera de nuestro ministerio. Es impresionante cómo respondió a las expectativas positivas que se levantaron cuando no había evidencias de tal capacidad.

Cuando los padres utilizan la ley del camaleón en la vida de sus hijos, obtienen resultados sorprendentes. Recuerden que somos más importantes para la vida de nuestros hijos, que un jefe para la vida de un empleado. Si los empleados responden positivamente, cuánto más nuestros hijos, al ser halagados y alabados de esta forma. Sentirán la necesidad de caminar a la altura de las expresiones de admiración recibidas de sus padres.

Esto será así siempre y cuando nuestras expectativas sean de amor, y además realistas y justas. Digo esto porque hay padres que tienen unas altas expectativas de sus hijos, pero la motivación es el orgullo, por ejemplo, la necesidad de competir con otros padres de niños inteligentes. Esto por lo general desencadena una presión demasiado fuerte sobre los hijos, y aunque *los alaban por su inteligencia*, sin embargo, este halago se manifiesta en un contexto de regaños, una presión desmedida y hasta insultos (contradictoriamente) porque el niño los está haciendo quedar mal.

Este tipo de padre halaga muchísimo a sus hijos en público y pocas veces en privado. Obviamente, la motivación del halago público es el orgullo. Cuando alaban a sus hijos en público, a quien realmente están alabando es a ellos mismos. Por lo tanto, el mejor halago que se puede ofrecer es el que se brinda en la intimidad del hogar; allí donde nadie te oiga, sino solo la persona a la que le interesa oírlo.

Aprovecha momentos especiales y profetiza sobre ellos

Recuerdo cuando nuestra hija cumplió sus quince años. Estábamos en una hermosa playa en Puerto Rico con un grupo de jóvenes que nos acompañaban en la celebración. Aproveché el momento de orar por ella para declarar sobre su vida una bendición profética. Créanme que en ese momento actué por pura fe, ya que era la primera vez que lo hacía.

Públicamente dije: "Hija mía, el patriarca Jacob luchó para lograr la bendición de la primogenitura de parte de su padre. Esto muestra lo importante que era esa bendición para él y cuánto creía en el efecto profético que tendría esa palabra sobre su vida. Cada uno de los doce hijos de Jacob esperaron la bendición de su padre y creyeron que todo lo que su padre declararía sobre ellos se cumpliría. Y así sucedió. Esto demuestra que Dios nos ha otorgado a nosotros, los padres, un poder sobrenatural para afectar proféticamente la vida y el futuro de nuestros hijos. Por tanto, Frances, yo, tu padre, que te engendré por el amor que siento por tu madre, la mujer que me ha mostrado la benevolencia de Jehová sobre mi vida, en unión con ella declaro esta bendición sobre ti: "Tú que abriste la matriz de tu madre, también abrirás portillos y cerrojos por el Espíritu de Dios en todas las dificultades que se te afronten. La mano de Jehová estará sobre ti para guardar los dones y virtudes que el Señor te ha regalado. La inteligencia y la sabiduría te distinguirán entre muchos y el discernimiento no te faltará. Tus oraciones son de gran estima delante de Dios y provocarán derramamientos de su gracia sobre aquellos por los cuales intercedas. Jehová estará comprometido con tus metas para ayudarte y guiarte hasta lograrlas, y luego de alcanzadas las sacrificarás en el altar de Dios por amor de su nombre. El Dios que te bendijo desde el vientre de tu madre, que derramó su Espíritu sobre ti cuando solo contabas con aproximadamente tres años, el que te ha acompañado silenciosamente a través del difícil camino de la adolescencia, ahora te dice así: Mi hija eres tú, muy amada de mi corazón. Mis ojos están puestos sobre ti porque eres una perla preciosa. Yo, Jehová, soy tu Hacedor y te llevaré a lugares que no imaginaste porque te he separado con un gran propósito. Nunca te he dejado y siempre te acompañaré a dondequiera que vayas. Encomienda a mí tu camino y yo te prometo que jamás tropezarás. Aún cuando estés insegura, no tendrás de qué preocuparte porque yo te llevaré por caminos de verdad y justicia. Tus padres que tanto te han amado y cuidado no lo hicieron sin mí. Yo, Jehová, te amo y te bendigo…Amén. Frances: Mildred y yo, tu padre, tu hermano Rey, tus familiares y todos los que estamos aquí te bendecimos en el nombre del Señor Jesús. Amén. ¡Felicidades!".

Fue lenta la reacción, ya que el peso de aquella palabra profética había sido tan fuerte que ella casi no podía levantar la cabeza y el *nudo* en la garganta de todos nos tenía casi sin habla por la unción que cayó en aquel lugar.

El tiempo ha demostrado que esa palabra…¡se está cumpliendo! Atrévete a hacer tú lo mismo.

Es importante enfatizar que para profetizar sobre tus hijos no es necesario que ambos padres estén y nadie ha dicho que la mujer sola no tiene la autoridad espiritual para profetizar sobre sus hijos. Todo lo contrario; la mujer ha sido dotada por Dios con una gran autoridad espiritual, razón por la cual el libro del Génesis en la Biblia nos revela que la serpiente (Satanás) hará guerra contra ella toda la vida, pero no podrá vencerla porque la mujer con toda la autoridad espiritual que Dios le ha dado herirá a la serpiente en la cabeza, mientras que esta solo podrá herir los talones (calcañar) de la mujer; los talones del pie que la mujer utilice para aplastar a la serpiente.

(Lee más sobre este tema en: *La mujer, el sello de la creación* de la editorial Casa Creación.)

¿SABRÁN CUÁN IMPORTANTES SON?

N UESTROS HIJOS NECESITAN sentirse importantes. Esto es parte de la salud emocional que les hará apreciar el plan de Dios para la humanidad. Esto no es fomentar orgullo; hasta Dios reconoce esta necesidad en nosotros. En muchas maneras Él nos hace sentir importantes. Por ejemplo:

> *"Mas vosotros sois linaje escogido, real sacerdocio, nación santa, pueblo adquirido por Dios, para que anunciéis las virtudes de aquel que os llamó de las tinieblas a su luz admirable; vosotros que en otro tiempo no erais pueblo, pero que ahora sois pueblo de Dios; que en otro tiempo no habíais alcanzado misericordia, pero ahora habéis alcanzado misericordia".*
>
> —1 PEDRO 2:9-10

> *"Así que, somos embajadores en nombre de Cristo…".*
>
> —2 CORINTIOS 5:20ª

Como ven, en muchas ocasiones Dios nos hace sentir importantes y nuestros hijos necesitan saber cuán importantes son para nosotros. ¿Cómo podemos hacer sentir importantes a nuestros hijos? ¿Cómo podemos traducir el mensaje para que entiendan y sientan cuán importantes son para nosotros? Lo primero que debemos hacer para llevarles ese mensaje es, y aquí voy de nuevo: dedicarles tiempo.

Ellos aprenden de lo que observan. Ya han descubierto que para las cosas más importantes de tu vida dedicas mucho tiempo, al punto que cuando tratas de darles explicaciones de por qué no le dedicas el tiempo que debes dedicarles, ellos mismos te pueden decir: "Papá, mamá, no te preocupes, yo sé que tú no tienes tiempo. Sé que tienes muchas cosas importantes que hacer". Trata de imaginar el impacto que haría en el corazón de tu hijo si pudieras responder a eso así: "Es cierto, yo tengo muchas cosas importantes qué hacer, pero en estos momentos, nada es más importante que tú. Y el tiempo que yo tenga que dedicar te lo voy a dedicar, y no me importan las consecuencias porque para mí tú eres lo máximo". Esto, mis queridos lectores, es mejor que cualquier predicación.

Hazlo partícipe del protocolo de presentación

¿Qué otras cosas hacen sentir importantes a nuestros hijos? Por ejemplo, cuando llegamos a un lugar donde hay algunos desconocidos y nos presentamos unos a otros. Todos sabemos que por lo regular se presentan todos los adultos, pero los niños no se presentan. ¡Qué demostración más genuina de lo importante que son nuestros hijos si tuviésemos la delicadeza de presentar a nuestros hijos, uno por uno y por su nombre!

Nuestros hijos dirán para sí: "¡Mira esto, me presentaron a esta gente; me dan la misma importancia que a los adultos!". Cuando nosotros practicamos el presentar a nuestros hijos a los adultos y darlos a conocer, les estamos demostrando que son tan importantes como todos los demás. Les estoy diciendo por medio del protocolo de presentación: "Me siento orgulloso de ti, de andar contigo y por eso es importante para mí darte a conocer; eres un ser humano digno de que todos te conozcan".

Hazlo partícipe de las decisiones

Otra manera de hacer sentir importantes a nuestros hijos es haciéndoles partícipes de nuestras decisiones. Hay decisiones que has tomado que afectan la vida de tus hijos. Y, ¿sabes qué? Debimos haberlos consultado antes de tomarlas porque en alguna medida los hicimos pasar por algún grado de estrés. Si yo considero la opinión de mis hijos antes de tomar decisiones que los van a afectar, los haré sentir importantes y además, el consultarlos los hará digerir lo que va a ocurrir.

Cuando Dios me llamó al ministerio pastoral a tiempo completo, decidí renunciar a mi profesión como director en una compañía farmacéutica. Mi esposa estaba de acuerdo, pero sentíamos que debíamos hacer partícipes a nuestros hijos de esta decisión.

Cuando me enfrenté con esa posibilidad, mis hijos tenían siete y nueve años respectivamente. Los llamé y les dije: "Si me voy a dedicar a tiempo completo para el ministerio, no podré cumplir con las promesas que les hice". Teníamos un precioso terreno con vista al mar. El arquitecto había visitado el lugar y estaba comenzando con los preliminares de diseño de construcción de nuestra nueva casa. Yo les había prometido a mis hijos que iban a tener una piscina. Ellos estaban ilusionadísimos con la soñada piscina con vista al mar. Si aceptaba el pastorado a tiempo completo, el ministerio no podía pagarme el mismo salario que yo tenía en la empresa donde trabajaba; por lo tanto, tenía que vender el terreno, saldar todas mis deudas y bajar mi nivel de vida para ajustarme al nuevo salario. Obviamente, no podría hacer la piscina.

Tan pronto tomé la decisión en mi corazón, le dije al Señor: "Yo acepto el llamado. Estoy dispuesto, sé todo lo que voy a perder y sé que no podré mantener el estilo de vida que ahora tengo. Pero si mi esposa y mis hijos me apoyan en esta decisión, sabré que estoy en tu perfecta voluntad y en tu tiempo".

Cuando los reuní para comentarles el tema, les dije: "¿Qué creen ustedes? Para mí es muy importante lo que ustedes piensan y opinen. Yo no soy el único que me veré afectado, ustedes también. Tendré que vender el terreno y no podré hacer la piscina que les prometí. Ustedes no tienen por qué asumir consecuencias sin explicaciones. ¡O aceptamos todos el que yo trabaje a tiempo completo para el ministerio, o ninguno!". Ellos se sorprendieron de que les consultásemos, pero el resultado de esto fue extraordinario. La respuesta de mi hijo de siete años fue:

—Papi, ¿por qué me preguntas?

—Pues, mi amor, porque tu opinión es importante para mí—le dije.

—Papi, pero ¿acaso no es Dios quien te está llamando?

—Pues claro—le contesté.

—Pues, papi, olvídate de la piscina, olvídate de esas cosas, obedece a Dios.

Todavía estupefacto por la respuesta de mi hijo, le pregunté a mi hija de nueve años:

—Bueno, ¿y tú, Frances, qué crees?

—Pues…papi, me da lástima lo de la piscina, pero Rey tiene razón—respondió la niña. Y tomando fuerza, continuó diciendo:

—Papi, ¡vámonos todos a tiempo completo!

Grande y agradable fue la respuesta de mi hijo tanto como la de mi hija, aunque cada cual a su estilo y nivel de madurez. Fuimos bendecidos como padres por la actitud de nuestros hijos. Pero estoy seguro que esta experiencia también marcó un testimonio en el corazón de ellos. Supieron cuán importantes son para nosotros.

RESPETAR SU DIGNIDAD

Si algo Dios ha tratado de devolvernos es el sentido de dignidad con que nos creó. Es por eso que debemos respetarnos a nosotros mismos. Obviamente, cuando nutrimos a nuestros hijos de respeto, desarrollamos al máximo su capacidad de reconocer la autoridad de Dios sobre su ellos.

Todo ser humano necesita ser y sentirse respetado. Nuestros hijos necesitan saber que los respetamos. ¿Cómo puedo expresar respeto por mis hijos? Desarrollando un principio muy importante: "No hacerles a ellos lo que no me gustaría que me hicieran a mí". Aunque hay tantas cosas que desearía añadir a esta lista de recomendaciones, solo dejaré claro aquellas que considero más importantes.

Por ejemplo, no los avergüences en público. Cuando yo respeto a mis hijos, no los disciplino delante de la gente. Disciplinar a un hijo delante de otras personas es abochornarlos. Recomiendo que todo lo que tengas que hacer, lo hagas, pero en privado. Si estás en un restaurante y allí *te piden disciplina*, no dejes para luego lo que debes hacer en el momento. Los niños son sumamente listos; cuando ellos saben que no los van a disciplinar en el restaurante, "hacen y deshacen". Algunos piensan: "Mis padres me van a decir, ¡deja que lleguemos a casa!; pero tan pronto me suba en el automóvil, me convierto en un ángel. Cuando ya esté llegando a mi casa, me hago el dormido y mis padres no van a tener el corazón de despertarme para castigarme y cumplir lo prometido. Me tendrán lástima".

Yo resolví este dilema. En el sitio que fuera—por ejemplo, un restaurante—, me llevaba al niño a un lugar privado, ya sea a una cabina del servicio sanitario, y allí le aplicaba la disciplina, con todo el proceso correspondiente que expliqué en el capítulo de la disciplina, sin importar el tiempo que me tomara. ¿Qué ocurrió? Ellos aprendieron que "donde la hagan, allí la pagan". Por lo tanto, no pasó mucho tiempo que dejaron de comportarse mal en un restaurante o en aquellos lugares donde se requiere un comportamiento controlado, ya que tenían por seguro que donde la hicieran, la consecuencia no esperaba.

En ocasiones, no encontraba un lugar privado y tenía que salir a un estacionamiento. Abría las puertas del vehículo para cubrirnos, y cuando no hubiera nadie viéndonos, allí les aplicaba la disciplina. Con las gotas de sudor bajándome por todo el cuerpo, hacía todo el proceso de disciplina y restauración de la comunión, para luego volver al lugar donde nos encontrábamos. ¿Qué apreciaron nuestros hijos? Que nunca los avergonzamos delante de nadie y supimos respetarlos aún cuando se habían portado mal.

RESPETO POR SU INTELECTO

Nosotros tenemos que respetar el intelecto de los niños. Hay niños que piden razones y explicaciones de por qué los vas a disciplinar, no porque estén desafiando la autoridad, sino porque su intelecto lo demanda. Hay padres que no quieren dar explicaciones sobre por qué están molestos, pero cuando un niño necesita un "por qué", hay que dárselo. Ellos son tan inteligentes como nosotros y necesitan que respetemos esa capacidad.

No humilles a tus hijos; nunca les toques la cara, pues es una forma de confirmarles cuánto los respetas. No los hales por la oreja públicamente para llevarlo a un lugar privado porque con eso el mal ya está hecho. Esta es una humillación pública, aparte de que les puedes hacer daño físico, y ese no es el propósito.

Por último, no le grites. Un grito de un padre hacia un hijo es una falta de respeto. Les aseguro que cuando ellos sean adolescentes, o aún más, preadolescentes, comenzarán a hacer lo mismo: te van a gritar a ti. Les enseñaste a faltarte el respeto durante todos los años que tú les faltaste el respeto gritándoles. Los gritos son muy dañinos para el ambiente de una familia.

La verdad y la razón no necesitan gritar porque tienen fuerza y autoridad en sí mismas. Y si la verdad y la razón no son suficientes por causa de la necedad natural de los niños, entonces la disciplina es la medicina. Un grito no es disciplina; es violencia emocional.

¡SEÑOR, QUE MIS HIJOS TE AMEN! ¡POR FIN LLEGAMOS A DONDE QUERÍA!

N O QUISE HABLAR antes del tema de Dios, no porque fuera lo menos importante. Todo lo contrario. La razón fundamental por la que no hablé antes de la necesidad que tienen nuestros hijos de encontrar a Dios es por lo que dije al principio de este libro. Los niños comprenden mucho mejor el *concepto* Dios después de haberlo discernido a través del testimonio de sus padres.

Si le enseñas una manzana a un niño, y le dices: *rojo*, por relación comprenderá el concepto de color rojo. Si los padres mostramos el carácter de Dios en nuestro trato con ellos, cuando les hablemos de Dios lo entenderán y lo desearán conocer; más aún, lo admirarán sin conocerle por lo que ven en nosotros.

Como mencioné anteriormente, ganarlos para Dios es ganarlos para nosotros; y ganarlos para nosotros es ganarnos su admiración y respeto por la manera en que hemos tratado con ellos en el plano natural de nuestra vida cotidiana. Si en este nivel tenemos comunión entre padres e hijos, y el ambiente del hogar irradia satisfacción y comodidad, entonces nuestro intento de llevarlos a la presencia de Dios será bien recibido.

Es por eso que consideré bueno detallarles cuáles son las necesidades naturales básicas según el modelo de Maslow (física, seguridad, autoestima, etcétera) para que habiendo sido satisfechas, nuestros hijos puedan responder favorablemente a nuestra responsabilidad de revelarles a Dios.

SOMOS RESPONSABLES DE REVELARLES A DIOS

Utilicé la palabra responsabilidad, ya que la necesidad de Dios en nuestros hijos *no es una opción*. Nuestros hijos nunca se sentirán autorealizados (al igual que ningún adulto) hasta que tengan un encuentro con Dios. Dios nos creó y hasta que no tengamos un encuentro con aquel que nos formó en el vientre de nuestra madre, con aquel que puso un espíritu en nuestro interior y creó la personalidad de nuestra alma, no sabremos quiénes somos realmente y de dónde provenimos. Esto provoca el sentido de autorealización más grande que jamás hayamos experimentado.

El que nunca ha tenido un encuentro personal con Dios no puede entender esto, pero los que sí lo hemos experimentado, sabemos lo que significa. Es por eso que no podemos esperar a que nuestros hijos sean mayores para que decidan por sí mismos qué camino quieren tomar. Los que conocemos El Camino, lo vamos a dar a conocer lo antes posible para que a la edad más tierna, antes de que ni siquiera conozcan el pecado conscientemente, conozcan la hermosura y la gloria de vivir bajo la bendición de Dios.

Debo aclarar que las seis necesidades específicas mencionadas en los capítulos anteriores (estabilidad, disciplina, amor, alabanza, importancia, respeto) no necesariamente se aplicarán en un orden específico. Todas esas cualidades del proceso de criar hijos hay que aplicarlas simultáneamente, e inclusive, el ministrarles a Dios es parte del proceso que se junta con las anteriores. Ahora, estas siete necesidades tienen que suplirse simultáneamente e ir todas de la mano. Precisamente la necesidad de ministrarles a Dios es la que nos motiva, y nos dirige a los otros seis aspectos de la crianza.

Repito, no tenemos que limitarnos en ir paso a paso en la gráfica de necesidades, según el orden establecido por Maslow, para poder ser dignos de ministrarles a Dios. Esto también sería un error, ya que la necesidad de Dios es apremiante y no debemos perder oportunidades. Aquí lo importante es que todo lo apliquemos a la vez, que todas las necesidades de nuestros hijos sean suplidas a la vez y que todas estas necesidades se suplan en el contexto de mostrarles a Dios, ya que este es el principio (motivo) y el fin (propósito).

OTRO MODELO DE NECESIDADES

La meta de todo ser humano es autorealizarse, y nuestra responsabilidad como padres es que nuestros hijos lo logren. Quien se ha realizado ha descubierto su identidad en Dios, aquel que creó a todo ser humano conforme a su imagen y semejanza. Ya no dependemos de cómo nos tratan o de qué necesidad básica haya sido suplida o no, porque la necesidad más importante ha sido satisfecha.

Cuando nuestros hijos se han autorealizado por su encuentro con Dios, aunque la vida sea injusta y tengan experiencias de rechazo fuera del hogar, serán poderosos saliendo de los conflictos porque encontraron en Dios el fundamento de su vida. No tendrán necesidad de esclavizarse a la aprobación de los demás porque descubrieron su dignidad en Dios. Podrán amar aunque no sean amados, podrán servir aunque no reciban agradecimientos y serán felices consigo mismos aunque la vida sea dura. Por tal razón, creo que todos los esfuerzos como padres deben ser dirigidos con el objetivo de revelar a nuestros hijos el amor de Dios. Permíteme explicarlo con el siguiente modelo.

Modelo de necesidades para la salud integral:
física, emocional y espiritual

Como pueden observar en el gráfico, todas las necesidades son suplidas con el fin y el propósito de que ellos conozcan el carácter de Dios y se realicen en la vida caminando de la mano con Dios, quien debe ser el centro de todas las cosas en su vida.

¿Qué ocurrirá cuando un hijo se sienta seguro y descubra que es importante para ti? ¿Qué ocurrirá cuando se sienta amado por sus padres, cuando sea alabado y reconocido por sus virtudes? ¿Qué ocurrirá cuando un hijo sea disciplinado y se sienta amado a través de la disciplina, cuando se sienta respetado? Sucederá que cuando le invites a adorar a Dios, no se resistirá. Irá alegremente a su presencia por sentirse tan cubierto, tan amado, tan respetado y tan importante dentro del núcleo de su familia. Se sentirá completo, en otras palabras: realizado. Sentirá que nos preocupamos por amor y le corregimos por amor. Dirá para sí: "Si papá y mamá son así, yo quiero conocer al Dios que los ha hecho así. Si mis padres son imagen y semejanza de Dios y son tan tremendos como son, yo quiero conocer al Dios de ellos".

¿Y QUÉ SI ME EQUIVOCO?

¿Qué ocurre si cometo algún error en alguna de estas áreas? ¿Me descalifica esto para ministrarle a Dios? La respuesta es: ¡No! Muchas veces cometí errores en prácticamente todos los aspectos de sus necesidades, y por causa de esto tuve que pedir perdón a mis hijos cada vez que ocurrió. El pedir perdón a los hijos te devuelve la comunión, la autoridad y la admiración que necesitas de tus hijos para continuar ministrándoles a Dios. No creas que el pedir perdón te resta autoridad moral; al contrario.

En una ocasión, una misionera evangelista de niños visitó nuestra familia. Ella disfrutaba mucho de nuestro ambiente familiar y le preguntó a mi hija cuál había sido la experiencia más significativa que había tenido con su papá, o sea, cuál había sido la experiencia que más recordaba en su relación conmigo. Mi hija le respondió que había sido el día que por primera vez le pedí perdón por haberle dado un mal ejemplo, ya que me había molestado con su mamá y le subí el tono de mi voz, regañándola delante de mis hijos. Cuando descubrí que mi hija me estaba observando sorprendida por la actitud que yo estaba asumiendo en ese momento, supe que tenía que pedirle perdón y lo hice.

La misionera le preguntó a Frances por qué esto había sido tan significativo para ella. Frances respondió que no creía que su papá tenía que pedirle perdón, pero que al hacerlo me admiró mucho, sintió amarme más por eso y me gané su respeto.

ENSEÑAR A LOS HIJOS A ORAR

No fue dificultoso enseñarles a nuestros hijos a orar porque desde que nacieron todos los días oraba por ellos en voz alta poniendo mis manos en sus cabezas. Desde que tienen uso de razón se acostumbraron a hablar con Dios. Aún cuando los encontraba dormidos, me les acercaba y al oído les decía que los amaba mucho y les oraba al oído. Cuántas veces les veía sonreír dormidos mientras oraba y cuando yo terminaba decían: "Amén".

Cuando ya eran un poco más grandes y se retiraban a descansar por la noche, todos juntos alabábamos al Señor. Gritábamos en risas de gozo. Cantábamos, leíamos historias bíblicas y orábamos. Para ellos no era nada difícil ni pesado.

Nunca hice un culto familiar formal. No sé que es eso. El altar familiar debe ser un estilo de vida de todos los días donde libre y espontáneamente busquemos a Dios y oremos sin limitarlo. ¿Cómo yo voy a limitar a Dios a un día a la semana, cuando se supone que esto sea nuestra relación diaria con Él? ¿Qué es mejor? ¿Estar cuarenta minutos o una hora, una noche a la semana, o estar quince minutos todos los días y en más de una ocasión al día, si fuera posible?

Aclaro que no estoy criticando al que hace su culto familiar de una hora, una noche a la semana. Gloria a Dios por eso. Si todo lo anterior está en orden, el culto familiar está perfecto. Pero la realidad es que este ejercicio de buscar el rostro de Dios como familia debe convertirse en un programa diario. No debe ser una actividad rutinaria semanal donde nos reportamos con Dios, o sea, cumplimos con la cuota. No debemos dar la impresión a nuestros hijos de que hacemos las cosas por tradición, que lo que estamos haciendo es cumplir con una cuota de religiosidad. Mi consejo es: no convirtamos el culto familiar en una rutina que, por tener una motivación en el "cumplir con lo necesario" pierda vida.

Vivamos haciendo de Dios nuestro pan de cada día, nuestra fuente de alegría y motivación. La razón por la cual queremos orar debe ser porque Él es bueno, porque nos ha dado la capacidad de amarnos así, porque nos ha dado la sabiduría para tratarnos así, porque nos corrige y nos controla cuando comenzamos a herirnos sin darnos cuenta, porque nos provee y suple nuestras necesidades y porque tenemos muchas cosas por qué sentirnos agradecidos a Él. Por eso aprovechamos cada oportunidad para honrar, cantar, danzar en su honor y proclamar sus maravillas como familia.

Por eso digo que no se puede limitar a un momento específico el darle gloria a Dios, sino que debe ser lo natural de nuestro diario vivir.

"Y estas palabras que yo te mando hoy, estarán sobre tu corazón; y las repetirás a tus hijos, y hablarás de ellas estando en tu casa, y andando por el camino, y al acostarte, y cuando te levantes".

—Deuteronomio 6:6-7

Testifiquemos continuamente dondequiera que estemos. Aprovechemos los momentos de estar a la mesa para hablar de las maravillas de Dios y testificar acerca de cómo Dios nos ha suplido, de las cosas que el Espíritu Santo hizo durante el culto cuando estuvimos en la iglesia, o en cualquier otro lugar. Cuando oremos como familia, habrá el entusiasmo necesario para disfrutar ese momento de alabanza y oración.

Cuando los niños se acostumbran a orar en todo tiempo y lo disfrutan, ellos mismos buscan cuanta excusa haya para tener que orar. Si salíamos en el automóvil, tan pronto observaba que yo ponía la mano en el volante, ellos me decían: "Papi, ¿vamos a orar?". Aunque estés apurado, no defraudes a tus hijos cuando tienen la iniciativa de querer orar, cuando sea y donde sea. El tiempo que aparentemente pierdes orando, Dios te lo va a recompensar facilitándote el camino.

TODO AVIVAMIENTO DESAPARECE DESPUÉS DE LA CUARTA GENERACIÓN

Recuerdo que mientras pasaba por un adiestramiento intensivo de liderazgo cristiano en el Instituto Haggai de Singapur, uno de los profesores, graduado de la Universidad de Fuller, en California, nos compartió los resultados de un estudio que esa universidad llevó a cabo con respecto a la duración de todos los avivamientos que habían ocurrido en la historia del mundo. Sus palabras finales fueron: "Todo avivamiento ha desaparecido después de la cuarta generación".

Fui sacudido por las estadísticas. Mis ojos se llenaron de lágrimas y mi corazón se compungió. Tuve que salir del salón de clases y, en pleno pasillo, agarrado de las rejas que daban para el patio del edificio, comencé a llorar con un gran ruego en mi corazón: "Señor Jesús, ¿significa esto que si yo soy la primera generación del avivamiento, mis hijos (la segunda generación) serán unos cristianos comprometidos pero débiles en cuanto a la vida del Espíritu; que mis nietos (la tercera) serán unos cristianos nominales carnales; y que mis bisnietos (la cuarta) serán unos impíos rebeldes contra el evangelio? Señor, yo no puedo permitir eso, ¡ayúdame Señor! ¿Qué puedo hacer?".

Cuando regresé a Puerto Rico, me senté con mi esposa para explicarle esto. Entonces decidimos hablar con nuestros hijos. Les explicamos que si no queríamos que se cumplieran esas estadísticas en nuestra familia, teníamos que buscar fortalecer aún más nuestra relación de amor con Dios.

Decidimos encontrarnos todas las mañanas para hacer nuestro devocional de oración y alabanza, juntos como familia. ¿Cuál fue nuestra experiencia? Nuestros hijos estaban tan contentos y motivados por la nueva campaña en busca de la presencia de Dios en nuestro hogar, que eran ellos los que se despertaban primero de madrugada y se metían en nuestra cama; nos despertaban para comenzar nuestro devocional mañanero. ¡Qué bendición! ¡Qué privilegio! ¡Qué felicidad!

A medida que los niños crecen, cambian los estilos y los procedimientos de cómo buscar el rostro de Dios juntos. Cuando nuestros hijos eran pequeños, los acostumbramos a acostarlos, y en ese momento teníamos nuestro tiempo de alabanza, adoración y oración. Luego que fueron creciendo, cambiamos los horarios y los métodos.

Según se dan las diferentes etapas de la familia, hay cambios por lo variable de los horarios, la necesidad de transportación independiente, etcétera. Las cosas no son iguales siempre.

Lo único que no debe cambiar en nuestra familia es la sed de Dios, el hambre por su presencia y la disciplina diaria de buscar su rostro. Llenemos nuestros hogares de alabanza y procuremos siempre respetar la inmerecida, pero privilegiada visitación del Espíritu Santo. Mientras haya paz y la armonía del amor incondicional entre nosotros, tendremos garantizada su protección y bendición. La prosperidad de Dios en todos los aspectos de la familia será inevitable.

Dirán: "¡Verdaderamente el Reino de los Cielos entre nosotros está!". ¿Será esto arrogancia? En ninguna manera porque todo aquel que ha sido obediente a Dios en los principios expuestos en este libro, ha tenido que exclamar interna o abiertamente: "¡Nunca creí que era posible vivir este estilo de vida, pero ahora lo estoy viviendo!" ¡Gloria a Dios!

DISFRUTAR DE LO SEMBRADO

Siempre soñábamos diciendo: "Señor yo no sé hasta cuando llevaremos de la mano a nuestros hijos ante tu presencia, pero sueño con el día en que yo abra la puerta de sus habitaciones y los encuentre orando solos ante ti". No pueden imaginar lo que sentí la primera vez que de mañana, salí de mi habitación y encontré a mi joven hijo en el suelo adorando a Dios, y en la otra habitación a mi hija leyendo las Escrituras en su devocional personal.

Llegar a la casa tarde en la noche y ver una lucecita prendida y encontrar a un hijo leyendo las Escrituras de rodillas, eso no tiene precio; y es difícil de describir lo que se siente cuando ves los frutos de años de esfuerzo por tratar de revelarles a tus hijos la grandeza del Dios vivo.

En otra ocasión, estaba yo en un rincón de mi habitación, orando y ayunando. Dicho sea de paso, desde que mi hijo era muy pequeño, cuando me veía en el suelo orando postrado se me acostaba de pecho sobre mis espaldas con sus brazos y piernas colgando a mi alrededor; y ahí se quedaba escuchándome y observándome. La primera vez que lo hizo, pensé que era una falta de respeto a ese momento de solemnidad y humillación, y que era una molestia. Pero el Espíritu Santo me hizo entender que debía permitírselo porque mi hijo estaba siendo discipulado a través de la observación, y que impedírselo era negarle un momento de intimidad conmigo. Ese día se me acercó mientras oraba, para ese tiempo tenía aproximadamente ocho años, y me dijo: "Papi, yo también quiero ayunar hoy, ¿puedo estar contigo?". Sorprendido le dije: "Muy bien hijo mío, vamos a buscar juntos a nuestro Padre Celestial". Mildred estaba a sus espaldas hacién- dome señas de que no se lo permitiera porque consideraba que el niño era muy pequeño y muy delgado como para ayunar. Vaci- lé por un momento, pero sentí paz de dejarlo conmigo. Con otra señal le indiqué a mi esposa que no se preocupara. ¡Es muy difícil explicar la satisfacción que produjo en mí esta experiencia!

NUESTROS HIJOS, NUESTROS DISCÍPULOS

Así fue que mi hijo y yo comenzamos a orar juntos. Ocasional- mente, lo observaba con disimulo y mi alma se llenaba de gozo. Las lágrimas eran inevitables. Cuando se cansaba de orar, se que- daba acostado mirándome. Cuando yo abría los ojos y me encon- traba con los suyos, me sonreía. Me preguntó: "Papi, ¿cómo sabes la parte de la Biblia que debes escoger para predicar?".

En ese momento me sentí como si estuviera discipulando a un futuro pastor. Traté de ser lo más simple en mi respuesta explicándole: "Bueno, primero oro pidiéndole al Señor dirección; luego voy hojeando las Escrituras en oración, buscando qué en ella aplica a la inquietud de mi corazón. Cuando un pasaje me impresiona, me detengo y parto de ahí a preparar la predicación". Pensé que no había entendido, pero no hizo más preguntas.

Poco tiempo después de esto, recibí una llamada telefónica de una señora que estaba coordinando un retiro para niños y me preguntó si mi hijo estaba dispuesto a predicar en ese evento. No se lo confirmé porque no sabía si él estaba dispuesto a hacerlo.

Le pedí al Señor sabiduría para comunicárselo. Él estaba jugando y le dije:

—Rey, ¿cómo tú crees que el Señor Dios te señalará el tiempo para tu llamado a predicar?

Sin vacilar, me contestó de forma que a mí me pareció sin pensar, diciendo:

—Pues el día que te llamen y te digan que me están invitando a predicar.

Todavía yo atónito, le digo:

—Rey, ¿escuchaste sonar el teléfono hace unos minutos?

—Sí—me respondió.

—Pues, Rey, llegó tu tiempo.

—¿Por qué?—me preguntó.

—Porque esa llamada era para invitarte a predicar en un retiro de niños.

Sus ojitos se abrieron de asombro, pero contestó rápidamente:

—Dile que está bien.

A los pocos días me encontraba nuevamente orando en el rincón de mi habitación y mi hijo llegó con su Biblia y una libreta en mano. Le pregunté qué iba a hacer. Me dijo que estaba en ayuno y que venía a buscar dirección de Dios para el mensaje que debía predicar en el retiro. Al cabo de un tiempo de oración, hojeó las páginas de la Biblia y dijo:

—¡Ya está!

—Ya está ¿qué?—le pregunté.

—El Espíritu Santo me impresionó con un pasaje de la Biblia—me contestó.

En ese momento comprendí que la explicación que le había dado acerca de cómo preparar una predicación la había entendido muy bien. Comenzamos a conversar sobre el pasaje y a medida que me respondía las preguntas que le hacía, escribía anotaciones en su libreta. Cuando terminamos se fue a transcribir el mensaje en computadora.

LLEGÓ EL MOMENTO

Había muchos niños en el retiro. Rey comenzó a predicar, pero prácticamente ningún niño le hacía caso. Después de terminar corrió hacia mí y abrazándome comenzó a llorar, diciéndome:

—Papi, nadie me hizo caso. No creo que llegó mi tiempo. A nadie le gustó.

No recuerdo cómo logramos consolarlo, pero le pedimos a Dios que lo protegiera de esa "mala experiencia".

Al otro día me llamó la señora que lo invitó para decirnos que su niña amaneció llorando esa mañana. Luego de mucho insistir, su madre logró que explicara qué le pasaba. La niña le dijo que le había dado mucho coraje oír a Rey Jr. predicar porque él era un niño igual que ella o que todos los demás; llegó hasta a taparse los oídos porque no quería escucharlo. Sin embargo, logró escuchar de cómo Rey había conocido a Cristo a través de su relación de amor con sus padres y eso la tocó. Le pidió a su mamá que la perdonara y que orara por ella porque quería convertirse a Cristo, porque anhelaba tener con sus padres esa misma relación que Rey tenía con los suyos.

¿Se pueden imaginar cómo salí corriendo para testificarle a mi hijo lo que Dios había hecho a través de él en la predicación? Él se asombró mucho y guardó en su corazón con alegría la realidad de que Dios se había placido en usarlo para bendecir a otros. ¡Su tiempo había llegado! El legado estaba siendo pasado a una próxima generación.

Son muchas las alegrías que se han producido en nuestro corazón como padres al observar a nuestros hijos crecer, no solo en estatura y en desarrollo como adultos, sino también en frutos de carácter, producto del crecimiento espiritual que han obtenido. ¡Qué felicidad es que los hijos lleguen a la juventud y poder verlos tan unidos entre ellos, tan unidos a nosotros y tan entusiasmados sirviendo al Señor!

OFRECE A TUS HIJOS SOBRE
EL ALTAR DEL SACRIFICIO

Muchos sabemos que Dios le pidió a Abraham que le entregara al único hijo que tenía y lo sacrificara en un altar. Abraham como padre tuvo que haber sufrido mucho, muchísimo, durante esas horas de agonía, mientras decidía si lo sacrificaba o no. Pero Abraham aprendió una gran lección: nuestros hijos son de Dios antes de que Él los pusiera en nuestras manos bajo "nuestra administración". Y que no podemos amar más a nuestros hijos que a Dios y su voluntad. Él nos los ha dado para que los discipulemos y les enseñemos a amarlo, aunque en ese proceso tengamos que sacrificar algunos de sus gustos o placeres. Mientras más los entreguemos a Dios, más los disfrutaremos.

Esto es lo que muchos padres no quieren entender porque tienen miedo. Aceptan todas las exigencias y demandas que la vida natural les impone a sus hijos, pero no están dispuestos a que se sacrifiquen por Cristo. Si la escuela les demanda mucho trabajo, no importa, los obligan a estudiar. Si los deportes les exigen abstenerse de cosas que otros disfrutan, no importa, los estimulan y casi los obligan a hacerlo para "sacar lo mejor de sus hijos en esa disciplina deportiva". Si son músicos, los obligan a practicar y a ensayar para convertirlos en profesionales y así se ganen los aplausos del público. Pero cuando se trata de sacrificarse por el Señor, disciplinarse y abstenerse por Él, estudiar para Él, etcétera, no están dispuestos a exponer a sus hijos al sacrificio que la excelencia exige en cualquier área de la vida.

Hay padres a los que les da lástima pensar que sus hijos tengan que esforzarse por "las cosas de Dios". Ellos nunca los obligarán a servir a Dios. Piensan que esa es una decisión que sus hijos tendrán que tomar cuando lleguen a la edad en que puedan decidir por sí mismos. Con esta "buena excusa" no hacen nada para que sus hijos desde pequeños escojan lo que en esta vida y en la vida venidera los salvará de cometer muchos errores.

Algunos habrán orado así: "Señor, yo estoy dispuesto a sacrificarme y a hacer cualquier cosa que me pidas; pero por favor, no me demandes que sacrifique a mis hijos. Ellos son muy pequeños y tiernos para privarles de "algunas cosas" necesarias para la etapa en que se encuentran".

SE NECESITA VALOR PARA
SACRIFICARLOS

Creo que cuando nuestros hijos llegan a amar algo, ellos mismos se disponen a sacrificarse por lo que aman. El amor, por definición, es sacrificado. Recuerdo una noche que llegué a mi casa después de haber estado todo el día en otra parte del país. Esa noche nuestra congregación celebraba una vigilia de oración e intercesión. Mi familia me recibió en la puerta con alegría; mi esposa, nuestros hijos, y los niños de una familia de la congregación. Lo que me pareció interesante fue que todos los niños estaban vestidos en pijamas, pero con ambiente de fiesta.

—¿Está pasando algo aquí de lo cual no estoy enterado?—pregunté con una sonrisa.

Mi esposa contestó:

—Yo supongo que no vas a ir a la vigilia ¿verdad? Son las 10:00 de la noche y acabas de llegar. La vigilia ya habrá comenzado. Me imagino que estarás cansadísimo después de trabajar y venir de un viaje de dos horas. Como yo sabía que ibas a llegar tarde y ellos me pidieron permiso para hacer una fiesta en pijama ("pijama party", la cual también es una vigilia, solo que se hace compartiendo, comiendo, escuchando música y haciendo juegos). Pues…les dije que sí".

En ese momento me sentí tentado a dejarme llevar por los acontecimientos; me sentí turbado por la presión que sentía. Mi esposa les había dado permiso y los niños ya estaban de fiesta, pero por otro lado, yo sabía que debía ir a la vigilia. Oré en silencio y le pregunté al Señor qué debía hacer. Sentí bien claro en mi corazón que debía ir y ser firme con mi familia.

Les dije: "Me encantaría que hicieran la fiesta aquí, pero nos mudamos para hacerla en la iglesia. Yo nunca dije que no íbamos para la vigilia, y aunque lo que asumieron tenía lógica, no obstante, sigo pensando que debemos ir a la vigilia. Yo me comprometo a que tendrán su fiesta, pero hoy no será. Tenemos un deber y es estar con la congregación, como estaba planificado, para hacer guerra espiritual y reclamar en oración la ciudad para Cristo".

Mi esposa me miró como no pudiendo creer lo que oía.

—Mi amor, yo creía que ya no íbamos—me reiteró.

—No te preocupes. Todo está bien, pero esto no es negociable. Mi esposa sabe que rara vez uso ese término (esto no es negociable), pero cuando lo uso es porque después de haber escuchado lo que tengan que decirme, lo pienso y pido dirección a Dios y lo que concluyo es final.

Mildred respondió con tanta sabiduría: "Bueno chicos, ya oyeron, a cambiarse de ropa que nos vamos".

En ese momento le pedí a Dios con todo mi corazón: "Señor mío, por favor, glorifícate en la vigilia. Aunque no me des nada para mí, pero por favor, bendice grandemente a mi familia. Espíritu Santo, por favor, derrama tu gloria en la iglesia para que mis hijos valoren el porqué fui tan firme y radical en estos momentos. Ayúdame a enseñarle a mis hijos a ser radicales para Dios".

Vimos la gloria de Dios manifestarse a tal grado que cuando subimos al automóvil para regresar a la casa eran las 7:00 a. m. del día siguiente. Con un rostro brillante de la alegría que sentía, le pregunté a mis hijos:

—Bueno chicos, ¿qué creen? ¿Valió la pena haber venido a la vigilia?

Los dos saltaron de sus asientos y me abrazaron:

—Papi, gracias por haber insistido. ¡Qué tremenda estuvo esta vigilia! De verdad, papi, que valió la pena.

Mi esposa sonriendo, me dijo:

—Me siento tan orgullosa de ti.

—¿Por qué?,—le pregunté.—Porque cuando tienes que ser flexible, lo eres y cuando tienes que ser firme, también.

Enseñarles a adorar en su idioma

Para que Dios sea atractivo para nuestros hijos tenemos que traducirlo en un lenguaje que les resulte entendible y agradable. La personalidad de los niños es alegre y divertida, y tienen una fuerte actitud natural de sacarle el juego a todo lo que hacen. Buscan divertirse en todos los contextos en que se encuentran. Impedirles ser normales en su naturaleza por causa del "culto en la iglesia" sería un grave error, razón por la cual la iglesia le resulta a muchos niños una experiencia de tortura y aburrida.

Si queremos enseñar a nuestros hijos a alabar y adorar a Dios debemos hacerlo comprendiendo la naturaleza del niño. Es por esto que la música en la iglesia tiene que ser diseñada para suplir la necesidad y gustos de todos. En mi opinión, creo que la solemnidad religiosa de una música con más carácter fúnebre que de celebración puede matar el interés de nuestros hijos en alabar a Dios. No obstante, esto no es determinante. Lo más importante es cómo lograr impartirles gusto por la iglesia a nuestros hijos.

Si quieres verlos alabar a Dios en la iglesia, tendrás que empezar en tu casa. Nuestros hijos, todas las noches, desde que eran muy pequeños, cuando se preparaban para dormir entrábamos a la habitación de uno de ellos y nos reuníamos para hacer fiesta de celebración para Dios. Les compré panderetas, maracas, guitarras de juguete, bongós, para cantar y alabar a Dios. Brincaban en la cama y yo les decía que estaban danzando para Dios. Levantábamos las manos al cielo en celebración con mucha alegría y gozo. Les leía la Biblia, pero como si fuera un cuento de aventuras. Lo dramatizaba con mi voz y actuación. En ocasiones tenía que esperar a que terminaran de reírse para poder seguir leyendo la Palabra porque les parecía gracioso cómo les relataba el cuento.

Un padre legalista, que considere que esta dinámica es ofensiva e irreverente para el Espíritu Santo, perderá la oportunidad de sembrar en el corazón de sus hijos la semilla de un adorador que adore en Espíritu y en Verdad. Si logramos hacer entender el evangelio a nuestros hijos en el lenguaje que ellos pueden entender y les parece atractivo, estaremos asegurando que perseveren por cuenta propia y no por imposición.

En la iglesia, cuando empezaba el culto, yo me arrodillaba al lado de ellos para estar a su altura y así cantar juntos. Como estaban acostumbrados a cantar conmigo en casa, lo hacían libremente. En ocasiones, nos tomábamos de la mano todos formando un círculo para danzar y celebrar a Cristo juntos, y ya estaban acostumbrados a hacerlo en casa. Cuando terminaba una canción, los tomaba las manos para aplaudir a Cristo y les levantaba los brazos para que le dieran honra al Señor, pero todo en un ambiente de "juego" donde parecía que lo más importante era la intimidad paterno-filial y no la honra a Dios.

Me daba cuenta de algunas miradas raras de gente incómoda, a la que quizás le parecía que esa no era una actitud muy apropiada para un pastor. Sabíamos que éramos en un sentido "la nota discordante" en la iglesia, pero después de analizarlo decidimos seguir haciéndolo porque estaba dando fruto en la vida de mis hijos, y por haber sido fiel a la visión, otros padres comenzaron a imitarnos en ese coloquio de alabanza familiar.

Poco a poco, la mirada y el corazón de nuestros hijos comenzaron a tornarse hacia Dios en adoración. ¡Qué satisfacción indescriptible cuando en ocasiones los dejaba solos para darles la oportunidad de que asumieran iniciativa, y tomaban una actitud de adoración postrándose en el piso de rodillas o cualquier otra expresión de alabanza! Esto me indicaba que lo estábamos haciendo bien porque habían captado la idea. El canal fuimos nosotros, pero el fin era conducirlos a la presencia de Dios para que desarrollaran su propia relación con el Padre.

Lo que sí considero una falta de respeto a la presencia de Dios, a la voluntad de Dios y una falta de responsabilidad paternal es que los hijos sean ignorados y se les permita hacer lo que se les antoje. Les llevan juguetes para que, mientras sus padres "adoran", los niños "no molesten". Los entretienen con juguetes para que los padres puedan gozar de libertad para disfrutar el culto, mientras los niños juegan debajo de los bancos de la iglesia. ¡Qué error! ¡Qué pérdida de oportunidades para estrechar lazos de comunión con los hijos durante el culto a Dios como familia! ¡Qué irresponsabilidad, cuando Dios nos ha encomendado que les abramos los ojos a nuestros hijos para que puedan conocerlo y aprendan a amarlo! ¿Qué mensaje le estamos dando a nuestros hijos? Que el culto es un asunto de adultos; que esto no es para niños, por lo tanto: "no debe interesarme".

El problema será cuando comencemos a preocuparnos por la falta de interés que muestran hacia Dios, por la inclinación hacia lo pecaminoso y la identificación con el mundo. Entonces intentaremos crearles conciencia de lo espiritual, pero ya Satanás habrá tomado ventaja de nuestra falta de visión y de nuestra comodidad a expensas de la salud espiritual de los niños.

ENSEÑARLES A CONGREGARSE

¡Cuántos padres se convierten en *domingueros* porque desde que tienen hijos ya no pueden "sacrificarlos" llevándolos a la iglesia de noche! Cuando son bebés, no pueden "sacarlos porque se enferman". Cuando ya son de edad escolar, no los pueden sacar porque tienen que acostarse temprano para madrugar. Cuando están más grandecitos, porque tienen que estudiar y hacer tareas. Cuando son adolescentes, porque ahora son ellos los que no quieren congregarse. Luego dicen: *"Yo no sé qué es lo que le pasa que no quiere ir a la iglesia"*. ¡Claro! Si nunca lo acostumbraste a ir a la iglesia. Fuiste tan flexible que no le creaste hábitos de congregarse; no tienen la disciplina.

Admiro a mi esposa, porque aun habiendo siendo madre primeriza, no transmitió esta debilidad común de sobreproteger a Frances. Para ese entonces, nuestra iglesia se reunía al aire libre. Las reuniones congregacionales nocturnas en el pueblo montañoso de Aibonito eran al aire libre. Mi esposa enrollaba a la bebé en muchas mantas para protegerla del frío y la humedad de la noche, y nos íbamos al servicio de oración. Nuestra hija no conoce lo que es un hospital. Recuerdo que a Frances le dio una fiebre el mismo día que salíamos para un retiro de tres días, y le pregunté a mi esposa qué creía que debíamos hacer ante tales circunstancias. Ella me dijo que teníamos que ir al retiro con la niña, y que Dios la sanaría a la entrada del campamento; que si eso no sucedía, entonces nos regresábamos con ella para darle las atenciones de rigor. En la entrada del campamento terminó la fiebre y disfrutamos todos juntos con ella de la bendición del retiro.

Cuando estábamos con los niños durante uno de los servicios nocturnos de la iglesia y era hora de dormir, los acomodábamos sobre una manta en algún lugar cómodo y ellos dormían. La única desventaja era que tenía que levantarlos dormidos y colocarlos en el automóvil; y luego bajarlos en la casa para acostarlos en sus respectivas camas. Lo hacía con mucho gusto porque no quería dejar perder ninguna oportunidad de exponer a nuestros hijos a la presencia de Dios y a su Palabra.

¡Cuántas veces estuvimos en un estudio bíblico con los niños y cuando menos creíamos, ellos estaban prestando atención a la enseñanza! Cuando el maestro hacía una pregunta, saltaba Rey Jr. y daba la respuesta correcta, asombrándonos a todos por la acertada e inesperada contestación. En ocasiones nuestros hijos nos preguntaban: "Papi, ¿porqué los hijos de tal o cual no están aquí? Tanto que aprendemos y tan bueno que son los estudios bíblicos. ¿Por qué no vendrán?". Varios niños del grupo dejaban de jugar con juguetes y comenzaban a participar del estudio al escuchar a nuestros hijos leer las Escrituras durante el estudio o contestar preguntas. El ejemplo de nuestros hijos los hizo creer que había algo interesante en el asunto.

El día que había reunión congregacional nocturna y los niños tenían que estudiar, mi esposa los hacía estudiar temprano. Implicaba que tenían menos tiempo para jugar, pero esta era la prioridad, congregarse. Nunca le vendimos la idea que tenía que ser así porque éramos la familia pastoral. ¡No! Esto es un grave error. Nos congregamos porque lo necesitamos, porque estamos agradecidos a Dios, porque lo amamos y queremos congregarnos para honrarle, porque Él se agrada de eso y nos bendice; no porque tenemos la obligación como familia pastoral, ya que eso podría hacerles sentir que es una odiosa obligación por causa de la profesión de mi padre. No hace daño imponer una disciplina cuando se hace por agradecimiento, pero sí cuando se hace por obligación.

Cuando Rey Jr. comenzó a jugar baloncesto en los equipos de la ciudad, tuvo claro que podía jugar, y de hecho se destacó como un buen jugador por su estatura y habilidad, pero no podían contar con él en días de reunión congregacional. A veces, el equipo hacía arreglos especiales solo para que él tuviera la oportunidad de jugar.

Un día Frances me preguntó: "Papi, ¿qué piensas tú de esto? En la escuela estamos leyendo una novela literaria y el próximo viernes se presentará esa misma obra en el teatro de la ciudad y la maestra nos recomendó que fuéramos a verla".

Yo le respondí:

—Y, ¿cuál es el problema?

—Pues, que el viernes hay una actividad especial en la iglesia y yo tendría que faltar.

Le dije: —Frances, mi amor, dejo la decisión a tu discreción. En la iglesia siempre habrá actividades, pero esta obra teatral quizás no vuelva a darse, por lo tanto, yo no tengo problemas de que te ausentes a la iglesia.

Ella después de pensarlo por muy poco tiempo, me dijo:

—No, mejor voy a la iglesia. Siempre en las obras de teatro presentan un resumen de la obra original y yo estoy leyendo la obra original; así es que no me estoy perdiendo nada, mientras que si no voy a la iglesia me podría estar perdiendo algo muy bueno.

Sorprendido, le dije:

—Entonces, no entiendo por qué me preguntaste.

Con una sonrisa, me contestó:

—Porque quería saber qué ibas a contestarme; ¡gracias!

Comprendí que me estaba probando. Ella no tenía duda de lo que debía hacer en aquella circunstancia, pero quería saber si yo iba a darle la respuesta que se supone un "pastor" diera, o si le iba a dar la respuesta de un padre sabio que confía en lo que ha sembrado en el corazón de sus hijos.

Hoy nuestros hijos ya son jóvenes adultos. Tuvieron sus actividades independientes a las nuestras. Estuvieron en un ambiente universitario e inclusive nuestra hija se hospedó fuera del hogar, ya que estudiaba al otro lado de la Isla. En fin, salían de día y de noche en grupos con amistades. Y dondequiera que íbamos, escuchábamos los elogios de la gente, admirando los frutos y el carácter de nuestros hijos. Nos preguntan si siempre fueron así.

Se sorprenden cuando se enteran de que Frances, de niña, era una voluntariosa, malcriada y terca. Por su parte, Rey Jr., era hiperactivo, distraído y olvidadizo (¡Ah! y desordenado). Ambas personalidades tuvieron sus grados de dificultad para moldearse.

En fin, ahora estamos disfrutando y gozando de toda la inversión que hicimos en su formación cuando tratábamos de revelarles a Dios. En la edad en que muchos padres tienen los mayores problemas, nosotros estamos disfrutando y siendo bendecidos por lo que son nuestros hijos y por la relación tan especial que tenemos con ellos.

Recuerdo aquella mañana de un sábado cuando mi hija se me acercó mientras veía algo en la televisión, me abrazó el cuello, me besó, y me dijo: "Papi, gracias por Jesús". Mis ojos se llenaron de lágrimas inmediatamente. Esa es una de las más grandes recompensas que he recibido.

Recientemente estábamos celebrando en la iglesia un acto de "lavado de pies" como el que Jesús hizo con sus discípulos. Mi hijo se me acercó para lavarme los pies y comenzó a expresarme todo el agradecimiento que sentía por haberle mostrado a Cristo, por el modelo que lo había hecho sentir tan orgulloso de nosotros, porque lo que él era y que todos sus éxitos nos lo debía a nosotros. En fin, no puedo describir cuántas cosas tan hermosas expresó en tan poco tiempo. Yo solo podía observarlo con lágrimas en mis ojos, lleno de gozo, dándole gracias a Dios por haberme perdonado y por haberme ayudado junto a mi amada esposa a ganarnos a nuestros hijos para Cristo.

Le doy toda la gloria a Dios por haberme escuchado y por haber tenido misericordia de mí cuando aquellas lágrimas de vergüenza y desesperación corrían por mis mejillas, cuando le rogaba a Dios diciendo: "¡Señor, que mis hijos te amen!".

SE PASA EL BATÓN DE LA CARRERA A LA PRÓXIMA GENERACIÓN

Hoy Frances y Rey Francisco son casados y padres de hermosas familias respectivamente. Seleccionaron compañeros conforme a la voluntad de Dios, en medio de muchos pretendientes y admiradoras. Formaron un matrimonio después de un solo noviazgo y consagraron sus vidas y la vida de sus hijos en el altar de Dios, con la convicción de que Jesucristo es el único camino a una vida de favor y bendición. Frances le dedicó los primeros cinco años de su matrimonio al campo misionero, junto a su esposo. Sirvieron en el pueblo de Jarabacoa, en el centro montañoso de República Dominicana. Una emisora de televisión secular la llamó para que condujera un programa cristiano diario, de una hora en vivo, donde pudiera presentar el evangelio de una manera inteligente y relevante. Edward, su esposo, le preparaba los programas y ella los conducía con mucha gracia. Ganó a mucha gente de todo tipo para el Reino de Dios.

Rey Francisco comenzó su carrera profesional como microbiólogo industrial en la misma compañía donde yo renuncié a mi carrera profesional para dedicarme al ministerio. Poco tiempo después, el Espíritu Santo llamó a Rey al ministerio pastoral a tiempo completo en nuestra congregación. Es uno de los maestros de la Palabra más respetado de nuestra congregación y como predicador es muy admirado. Ya ha comenzado a viajar llevando la Palabra en el área en que más se siente llamado a ministrar, como la apologética. Sus hijos varones ya han comenzado a responder a la adoración a Dios y están aprendiendo la Palabra.

NO TODO HA SIDO COLOR DE ROSA

No todo es color de rosa porque ahora se añaden a la familia miembros de otras culturas familiares. Es obvio que nos vamos a tener que enfrentar a que cada cual, ya sea por costumbre o por convicción, creerá mejor la forma como se manejaban las cosas en sus respectivas familias. Aquí son imprescindibles el respeto por las diferencias, el no hacernos sabios en nuestra propia opinión y nunca desarrollar un concepto de nosotros mismos mayor del que debemos tener. Así aseguramos que todos seamos igualmente valorados en un ambiente donde estamos obligados a romper la burbuja de nuestra intimidad familiar para darle entrada a los nuevos hijos adoptados por el matrimonio de nuestros hijos. Ellos han llegado a convertirse para nosotros, literalmente en uno o una más de la familia, amados entrañablemente por las hermosas aportaciones que están haciendo a nuestra familia en cuanto a frutos de carácter. Desde que llegaron nuestros "hijos adoptivos" (nuera y yerno), somos una mejor familia, aunque todo comienzo no suele ser color de rosa.

ÚLTIMOS CONSEJOS

E N RESUMEN: NO es cuestión de ser perfectos, pero sí es necesario que respetemos y honremos la Palabra de Dios lo suficiente para enmendar nuestros errores inmediatamente. Así podremos mantenernos dignos de ministrar a Dios en nuestro hogar.

Decide ahora mismo convertirte a Cristo nuevamente, si es necesario. Arrepiéntete por los pecados ocultos y los secretos pecaminosos de tu corazón. Confiésalos a tu cónyuge o a algún consejero espiritual maduro que te pueda ayudar a restaurar esas áreas "neurálgicas" de tu vida interior.

Reúne a tu familia, cónyuge e hijos. Pídeles perdón por aquellas cosas que descuidaste o nunca hiciste, pero que ahora reconoces que debiste haber hecho, no importa tu edad ni la de ellos. Comprométete a renovar el ambiente familiar aportando paz a tu hogar, a expresar más abiertamente el amor, a dar más afecto físico, a proteger y fortalecer la unidad matrimonial. Anuncia que incorporarás unos cuantos cambios de procedimientos y estilos, como por ejemplo, en la disciplina.

Explícales que harás de Dios el centro de tu vida y del hogar, que cambiarás, y que confías que el ejemplo que les darás los ayudará a moldear su comportamiento. No presiones; solo modela un ejemplo digno de imitar.

No te avergüences de orar por ellos mientras pones tus manos sacerdotales sobre sus hombros. Al principio será incómodo por la sensación de que ahora eres "espiritual", y los demás podrían verte como un "espécimen raro". Vence ese temor. Profetiza sobre tu familia. Ellos eventualmente te lo agradecerán. No te avergüences ni temas no ser correspondido al amar. Recuerda que de todo lo que siembres, segarás. Eventualmente florecerá en los miembros de tu familia una expresión de amor hacia ti como recompensa a tus esfuerzos.

Busca el rostro del Señor diariamente y confía que los tuyos te seguirán al verte deleitarte y testificar de sus maravillas. Busca una iglesia que abrigue esta visión, donde sus líderes sean ejemplo de lo que predican. En los momentos más difíciles, busca en ellos consejo y apoyo.

¡Que Dios te ayude, y la gracia del Señor sobreabunde en ti! Con todo mi amor,

Rey

PD: *Me gustaría saber cuando los frutos de este libro se hagan presentes en tu vida. Por favor, envíame un e-mail a:* agendareymatos@gmail.com

¡Señor, que mis hijos te amen!

GUÍA DE ESTUDIO

EL MINISTERIO SUPREMO: LA FAMILIA

E L LIBRO DE Malaquías tiene un contenido histórico y profético que es fundamental para eslabonar perfectamente el
Antiguo Testamento con el Nuevo Testamento. En Malaquías
4:5-6 nos dice: *"He aquí yo os envío el profeta Elías, antes que
venga el día de Jehová, grande y terrible. Él hará volver el corazón de los padres hacia los hijos, y el corazón de los hijos hacia
los padres, no sea que yo venga y hiera la tierra con maldición".*

LA PRIORIDAD DE DIOS: LA FAMILIA

- La relación entre padres e hijos es muy significativa e
  importante para Dios.
- Dios ministrará su Palabra y enviará al Espíritu Santo
  para hacer tornar los corazones de los padres a los
  hijos y de los hijos a los padres en los últimos tiempos,
  cuando más se necesitará.
- El producto del avivamiento será grande y provocará
  la reconciliación entre padres e hijos. Habrá revolución
  espiritual que afectará a toda la familia.
- Se estrechará la comunicación entre padres e hijos.
- Si la tierra no responde al propósito de Dios en las
  relaciones paterno-filiales en la familia, el resultado será
  maldición. Habrá serias consecuencias en las familias
  donde halla discordia, división, enojo, rechazo, griterías
  y falta de respeto entre padres e hijos, y será inevitable.

Si Dios no encuentra un espíritu de amor y de comunión
entre padres e hijos, no nos va a salvar, como tampoco lo hará

todo lo que hayamos hecho para "salvar al mundo". La prioridad de Dios es tu familia.

EL PROCESO DE DIOS PARA LOGRAR SUS OBJETIVOS

Lucas 1:13-17:

> "Pero el ángel le dijo: Zacarías, no temas; porque tu oración ha sido oída, y tu mujer Elisabet te dará a luz un hijo, y llamarás su nombre Juan. Y tendrás gozo y alegría, y muchos se regocijarán de su nacimiento porque será grande delante de Dios. No beberá vino ni sidra, y será lleno del Espíritu Santo, aun desde el vientre de su madre. Y hará que muchos de los hijos de Israel se conviertan al Señor Dios de ellos. E irá delante de él con el espíritu y el poder de Elías, para hacer volver los corazones de los padres a los hijos, y de los rebeldes a la prudencia de los justos, para preparar al Señor un pueblo bien dispuesto".

Para que tus hijos crezcan emocional, espiritual y físicamente saludables, necesitas refrescarte espiritualmente para suplir sus necesidades fundamentales. Eso solo puedes hacerlo acercándote a Dios.

El impacto más relevante que debe tener tu encuentro con Dios es la restauración de la relación con tus hijos o el fortalecimiento de la comunión con ellos.

- La dificultad más grande de los creyentes: su disposición de caminar con Jesús e imitar su estilo de vida.
- El mayor anhelo de Dios es santificar nuestro carácter para que manifestemos los frutos de Jesús.
- Su espíritu ha sido enviado para impartir en nuestros corazones tanto el querer como el hacer su buena voluntad.

- El Señor está preparando un pueblo que no será avergonzado en ese gran día.

- El propósito de Dios desde el principio fue crear una raza de sacerdotes que fueran ministros en la iglesia más importante de la tierra: el hogar.

APLICACIÓN DE LA SESIÓN

EL MINISTERIO SUPREMO: LA FAMILIA

1. ¿Qué quiere decir: *"Él hará volver el corazón de los padres hacia los hijos, y el corazón de los hijos hacia los padres"*?

_____

_____

_____

_____

2. ¿Por qué el ministerio más importante en la tierra es el hogar?

_____

_____

_____

_____

3. ¿Te encuentras en un espíritu de amor y de comunión con tus hijos?

_____

_____

_____

4. ¿Te refrescas espiritualmente para suplir las necesidades más fundamentales de tus hijos?

_____

_____

_____

_____

5. ¿Estás dispuesto a imitar los frutos del carácter de Jesús? ¿Qué tienes que hacer?

_____

_____

_____

_____

NO HAY PROFETA EN SU PROPIO PUEBLO

E STÁ BIEN PENSAR que tenemos una misión en este mundo, pero lamentablemente, muchos extienden su mirada a un horizonte lejano, cuando todavía no han podido influenciar con la Palabra de Cristo la tierra que pisan sus pies.

Conocemos el refrán: "No hay profeta en su propio pueblo". Este es el argumento favorito utilizado por muchos padres para justificar la falta de compromiso con su familia, o su fracaso en lograr tornar el corazón de sus hijos hacia ellos y hacia Dios.

Los hijos que se resisten a aceptar a sus padres cuando estos se convierten a Cristo tienen ese comportamiento debido a que han sufrido las consecuencias del pecado.

En el caso de los hijos que llegan al mundo y tienen un primer natural contacto con padres creyentes llenos del Espíritu, lo más natural para ellos será vivir entre "profetas".

Los hijos nacidos de padres creyentes (llenos del Espíritu) reciben con agrado lo que ellos enseñan, se dejan dirigir y moldear por sus padres sin mucha resistencia porque han visto la efectividad y la bendición incomparable de vivir en un hogar así.

La mayoría de los padres trabajan en la vida de sus hijos para que estos alcancen una carrera profesional, se casen, y tengan una estabilidad económica y propiedades.

Esto hará felices por un corto período de tiempo a quienes lo logran, pero cuando les brindamos a nuestros hijos un hogar donde abunda el amor, la verdadera unidad matrimonial y los educamos para que amen al Señor, esto formará una familia que juntos amen y busquen el rostro de Dios.

DIOS SABE QUE SOMOS POLVO

"Como el padre se compadece de los hijos, se compadece Jehová de los que le temen, porque él conoce nuestra condición; se acuerda de que somos polvo".

—SALMO 103:13

El Señor soporta nuestras equivocaciones. Cristo vino al mundo precisamente para marcarnos un ejemplo a seguir para un nuevo estilo de vida. También nos envió al Espíritu Santo para que tuviéramos el poder necesario para ser como Él, y así hacer su voluntad.

Dios nos tolera cuando cometemos errores o torpezas, pero resiste a los que tienen en poco su Palabra. El que ama a Dios tiembla ante la Palabra de Dios (Isaías 66:2) y aunque le cueste vivir conforme a la perfección que hay en ella, ama la Palabra y la respeta.

Dios resiste al que escucha su Palabra y la olvida con facilidad. Al que no reconoce que depende totalmente del Espíritu Santo para poder agradar a Dios y hacer su voluntad, a este mira de lejos.

PROMESAS DE DIOS PARA LA FAMILIA

Grandes promesas de Dios y extraordinarias obras de redención y salvación han sido fundadas sobre la base de las relaciones paterno-filiales; promesas extraordinarias como "El hijo" entre Dios y Abraham (Génesis 17:1-9).

Nuestros hijos tienen que estar en medio de nuestra relación con Dios. Ellos deben ser testigos oculares de todo lo que sucede entre Dios y nosotros.

Nuestros hijos observarán cómo nosotros tratamos con Dios y cómo Él trata con nosotros. Para acercarnos a Él, es como si tuviéramos el requisito de llevar una ofrenda y esta ofrenda está determinada: son tus hijos. Esto implica que ellos deben participar y ser testigos de nuestra relación con Dios. Es como si abrieran una puerta de gracia para bendición de Dios.

Desde un principio, nuestros hijos deben acostumbrarse a reconocer a dos autoridades paternales en su vida: sus padres terrenales y la deidad de Dios sobre ellos (Génesis 17: 10-19). La señal del pacto era la circuncisión de la carne del prepucio de un hijo. Esto nos da a entender que nuestra responsabilidad primordial como padres es introducir a nuestros hijos a la relación que mantenemos con Dios y consagrarlos, enseñándoles a guardarse puros de la contaminación del mundo, que es lo que simboliza el prepucio.

Ellos aprenderán pureza de aquellos que marcarán el ejemplo y modelarán este estilo de vida puro que agrada a Dios. Ese modelo y ese ejemplo somos nosotros, los padres.

Si aprendemos a pensar y a ver las cosas como Dios las diseñó, esta visión se hará mucho más amplia y profunda de lo que naturalmente podemos concebir.

Dios le dijo a Abraham que en él, serían benditas todas las familias de la tierra.

> "Y haré de ti una nación grande y te bendeciré, y engrandeceré tu nombre, y serán bendición. Bendeciré a los que te bendijeren, y a los que te maldijeren maldeciré; y serán benditas en ti todas las familias de la tierra".
> —GÉNESIS 12:2-3

Génesis 18:19 dice: "Porque yo sé que mandará a sus hijos y a su casa después de si, que guarden el camino de Jehová haciendo justicia y juicio...". A través de este pasaje se confirma que somos responsables de mostrarles a nuestros hijos el camino de Jehová, enseñándoles justicia y juicio.

Si logramos ganar el corazón de nuestros hijos y conducirlos con nuestro ejemplo a su presencia, tocamos el corazón de Dios.

Génesis 18:19b dice: "Para que haga venir Jehová sobre Abraham lo que ha hablado acerca de él". Muchas de las bendiciones, la gracia y la prosperidad que nosotros soñamos vivir están sujetas a que nos demos a la tarea de que nuestros hijos conozcan y amen a Dios. Si somos fieles a Él y conducimos a nuestros hijos a su presencia, aseguraremos la gloria sobre nuestro hogar.

LA VERDADERA PROSPERIDAD

La prosperidad de Dios viene cuando nos concentramos en invertir la Palabra de Dios en el corazón de nuestros hijos, y lo logramos sembrándola efectivamente en ellos. Es darles por herencia algo más que bienes materiales, algo diferente a lo que nosotros recibimos. Es darles una herencia próspera en sabiduría, en frutos, en unidad, en amor, en la presencia de Dios. Después de esto, la prosperidad de Dios impactará todas las áreas de nuestra vida. Sobre esta base es que podemos sembrar en lo económico y será agradable a Dios.

> *"Por tanto, si traes tu ofrenda al altar, y allí te acuerdas de que tu hermano (añado: tu hijo, esposa, esposo) tiene algo contra ti, deja allí tu ofrenda delante del altar, y anda, reconcíliate primero con tu hermano, y entonces ven y presenta tu ofrenda. Ponte de acuerdo con tu adversario pronto, entre tanto que estás con él en el camino, no sea que el adversario te entregue al juez, y el juez al alguacil, y seas echado en la cárcel. De cierto te digo que no saldrás de allí, hasta que pagues el último cuadrante".*
>
> —MATEO 5:23-26

Nuestras necesidades serán provistas por Dios en abundancia, aún más de lo que pedimos, siempre y cuando el dinero que estoy sembrando no esté contaminado.

¿Qué es dinero contaminado?

Es el dinero que ofrendo para agradar a Dios mientras estoy en discordia o en enojo con mi hermano, hijo, hija, esposa, esposo. Dinero limpio es dinero puro, ofrenda agradable a Dios, que lo compromete con nosotros para bendición y prosperidad; es el que yo sembré después de la reconciliación con mi familia y mi prójimo.

Si somos fieles a la verdad, veremos los resultados.

APLICACIÓN DE LA SESIÓN

NO HAY PROFETA EN SU PROPIO PUEBLO

1. ¿Qué quiere decir la frase "no hay profeta en su pueblo"? ¿Y para qué, según el autor, mayormente la usamos?

_____

_____

_____

_____

2. ¿Qué estilo de vida estás teniendo: el modelo de "éxito" del mundo o el que dice "mi familia es abundante en amor"?

_____

_____

_____

_____

3. ¿Estás poniendo a tus hijos entre Dios y tú?

_____

_____

_____

4. ¿Cómo estás introduciendo y consagrando a tus hijos en la
   relación que mantienes con Dios?

_____

_____

_____

_____

5. ¿Estás ofrendando dinero puro o contaminado? Si fuera
   contaminado, ¿qué debes hacer para que esté limpio?

_____

_____

_____

_____

LOS PADRES: LA IMAGEN DE DIOS

*"Entonces dijo Dios: Hagamos al hombre a nuestra
imagen, conforme a nuestra semejanza; y señoree en los
peces del mar, en las aves de los cielos, en las bestias,
en toda la tierra, y en todo animal que se arrastra
sobre la tierra. Y creó Dios al hombre a su imagen, a
imagen de Dios lo creó; varón y hembra los creó".*
—Génesis 1:26-27

Nuestros hijos son los primeros en descubrir que fuimos hechos a imagen y semejanza de Dios. Los más capacitados para entender el corazón de Dios y reconocer los principios del Reino de los cielos son ellos.

Si alguien tiene la capacidad de distinguir la firma estampada por el Creador en la vida de sus padres, son los niños.

Al descubrir ellos que somos hechos a la imagen y semejanza de Dios, tenemos una gran responsabilidad.

El primer concepto consciente de Dios que los niños desarrollan después de nacer, somos nosotros. Luego de abrir sus ojos, lo más parecido a Dios que ellos visualizan son sus padres.

Cuando en su limitada conciencia ellos comienzan a escuchar el término "Dios", el reflejo eres tú, para bien o para mal.

En la medida que proyectemos a Dios en la integridad de su verdadera imagen y semejanza, ellos obtendrán la imagen correcta del Dios verdadero.

Si yo distorsiono esta figura puede resultar muy peligroso, ya que los niños podrían conocer a Dios, pero tendrán una impresión equivocada de Él. Ese es el concepto que ellos van a desarrollar de Dios; la imagen fiel o distorsionada que tú y yo hemos reflejado de Él.

Para nuestros hijos, Dios es una idea que se plasma y se hace palpable en la imagen de su papá y de su mamá. Ellos sabrán cómo es Dios por lo que vean en nosotros. En su percepción inconsciente pensarán: "Dios es como papá, Dios es como mamá".

SER ESPIRITUAL NO LO ES TODO

Si adoramos, leemos la Biblia, hablamos de Dios, pero como padres somos un fracaso y escondemos nuestro fracaso detrás del manto de la espiritualidad, todo esto es lo que los niños conjugarán en su mente y les hará desarrollar una percepción equivocada de lo que es Dios, basándose en lo que han visto.

Ese Dios de serias inconsistencias es al que van a adorar e imitar. Los niños más sinceros y transparentes aborrecerán esto y también aborrecerán a Dios. Serán juzgados como rebeldes, pero en realidad son niños tan genuinos que no tolerarán las apariencias y se "rebelarán" contra la hipocresía de los adultos.

Los padres somos responsables de la imagen que los hijos desarrollen de Dios. Lo que observen, sea bueno o sea malo, es nuestra responsabilidad. Por más que nosotros les enseñemos la Palabra, les enseñemos Biblia, ellos terminarán haciendo lo mismo que nosotros hacemos.

Ellos no entenderán la doctrina de Cristo ni la creerán tal como está escrita, hasta que vean los frutos de Jesús en nosotros. Estos frutos demostrarán la verdad que pretendemos enseñarles.

SIGAMOS EL EJEMPLO DE DIOS

Dios se dio a conocer y su revelación se hizo más efectiva cuando se hizo carne. Así, convertido en hombre, bajó a nuestro nivel y nos enseñó a vivir. Así marcó el estilo de vida que agradaba al Padre; por medio de Jesucristo hombre.

Experimentar la gloria de Dios en determinados momentos no significa que eso afectará nuestra vida hasta moldearnos conforme a su voluntad. No obstante, si vemos gente que vive al estilo de Jesús, aprenderemos a hacer la voluntad de Dios y a amarla, imitando a quienes hemos visto.

Dios tomó toda su gloria y la bajó al plano terrenal: la vida sencilla y humana de Jesús. Su comportamiento y el carácter expuesto del Hijo de Dios fue lo que nos hizo decir: "Dios, ¡qué admirable eres…! Yo quiero servirte".

La historia del mundo no había sido transformada hasta que la vida terrenal de un hombre sencillo mostró la gloria de Dios. Este principio es el mismo que Dios quiere que nosotros sigamos para cautivar el corazón de nuestros hijos. Para que ellos se acerquen a Dios para adorarle en espíritu y en verdad, tiene que parecerles interesante, tiene que resultarles apetecible, tienen que entenderlo intelectual y emocionalmente. Nadie ama así porque sí.

¿Qué no estaremos dispuestos a hacer por un hijo?

Abraham anheló tan intensamente a su hijo, que cuando Dios le prometió que se lo daría, le creyó a pesar de las limitaciones biológicas en su esposa y en él, situaciones que hacían imposible tal evento. Cuando él llegó, lo amó con un amor mayor que el de cualquier otro padre al que se le haya hecho fácil concebir hijos. Jehová Dios le pidió que sacrificara a su hijo para probar si Abraham amaba más el regalo que al Dios del regalo.

Abraham pasó la prueba porque sabía que el mismo que había hecho el milagro una vez, podía hacerlo de nuevo. Por tanto Dios llamó a Abraham, "el Padre de la Fe", y puso sobre sus hombros una gran honra: ser el hombre por el cual serían benditas todas las familias de la tierra.

Abraham aprendió a amar a Dios intensamente, cuando amó a su propio hijo. Dios se va a valer de cualquier herramienta para llevarnos a Él. Dios puede usar incluso a nuestros hijos para enseñarnos cómo amarle más a Él.

EL MÉTODO PRINCIPAL PARA CRIAR A UN HIJO: EL EJEMPLO

Ganar a nuestros hijos para Cristo y llevarlos a la presencia de Dios no se logra solo haciendo cultos familiares. Un culto familiar puede resultar un veneno para el alma de nuestros hijos, cuando en el mismo ámbito donde nos comportamos mal pretendemos hacer un culto familiar. Eso podría destruirlos.

Todo niño es tan trasparente en su corazón, por lo menos en sus etapas tempranas, que la hipocresía de sus padres le causa repulsión. Si les hemos enseñado que algo es malo y nos ven haciéndolo a nosotros, nos vestimos delante de sus ojos con un manto de hipocresía.

Al ser ellos hijos, no tienen otra opción que acatar nuestras órdenes, por eso hay algunos que tienen que soportar el culto familiar. Muchas veces el mal testimonio y nuestras malas reacciones hacen del culto familiar una experiencia de endurecimiento del corazón de los niños. La gente más insensible a Dios y a su Palabra es aquella que viene de hogares así.

Es mejor hacer cultos familiares cuando las familias se hayan examinado en cuanto a la unidad. La unidad es el fruto principal de nuestra conversión a Dios. El que ministra debe ser una persona íntegra.

La ventaja de la mentalidad de los niños es que solo ven las cosas en "blanco y negro". Nosotros, los adultos, somos los que hemos inventado los "grises" para justificar las excepciones de por qué no hacemos lo que la Biblia dice.

Es necesario arreglar las inconsistencias de nuestras palabras con nuestros actos, antes de pretender llevar a nuestros hijos a la presencia de Dios.

GANARLO PARA CRISTO ES GANARLO PARA TI

Para poder llevar a nuestros hijos a la presencia de Dios, tenemos que ganar el corazón de ellos para nosotros.

Aquel que no haya ganado el corazón de sus hijos para sí, le será casi imposible ganar el corazón de sus hijos para Dios porque por años los niños seguirán sintiendo que lo más parecido a Dios, eres tú. Por lo tanto, será difícil para ellos acercarse a Dios si ni siquiera han podido acercarse a ti íntimamente.

La falta de intimidad contigo dificultará y complicará su propia relación con Dios.
Si el amor que desplegamos en la iglesia no se ve en el hogar, no logramos mucho. Es poco productivo darles estudios bíblicos si nuestro ejemplo anula lo que enseñamos.

El culto familiar será efectivo cuando el corazón de nuestros hijos nos pertenezca por admiración. Cuando tenemos su admiración, entonces podemos disfrutar de apertura hacia nosotros.

APLICACIÓN DE LA SESIÓN

LOS PADRES: LA IMAGEN DE DIOS

1. ¿Sabes cómo Dios se dio a conocer y se hizo más efectiva su revelación?

_____

_____

_____

_____

2. ¿Para qué Dios le pidió a Abraham que sacrificara a Isaac?

_____

_____

_____

3. ¿A qué se refiere el autor cuando dice que el método principal para criar a un hijo es el "modelaje"?

_____

_____

_____

_____

4. ¿Proyectas frente a tus hijos la verdadera imagen y semejanza de Dios?

_____

_____

_____

_____

5. ¿Cuál fue tu reacción y actitud frente al nacimiento de tu primer hijo?

_____

_____

_____

_____

6. ¿Qué estás dispuesto a hacer por tus hijos?

_____

_____

_____

¿POR DÓNDE EMPEZAMOS?

CUANDO NUESTROS HIJOS nos admiran, entonces se les hace fácil escucharnos y sujetarse a nosotros. Los hijos que admiran a sus padres creen de todo corazón lo que ellos dicen y les enseñan. Nos respetan y nos obedecen por la motivación correcta: el deseo de imitarnos.

"Haya, pues en vosotros este sentir que hubo también en Cristo Jesús, el cual siendo en forma de Dios, no se estimó el ser igual a Dios como cosas a que aferrarse, sino que se despojó así mismo, tomando forma de siervo, hecho semejante a los hombres; y estando en la condición de hombre, se humilló a sí mismo, haciéndose obediente hasta la muerte, y muerte de cruz. Por lo cual Dios también le exaltó hasta lo sumo, y le dio un nombre que es sobre todo nombre".
—FILIPENSES 2:5, 9

Lo primero que tenemos que hacer es "despojarnos".

Tenemos que despojarnos parcial y temporalmente de nuestro "nivel de adultez", y tratar de alcanzar el nivel intelectual y emocional de nuestros hijos. En otras palabras, cada vez que tratamos con ellos, tenemos que bajarnos al nivel de niño con el niño, adolescente con el adolescente, y joven con el joven.

El fin es reconocer, entender sus necesidades, y así poder suplirlas. Es identificarnos con el corazón y la mente de ellos.

Para ello hay que hacer 2 cosas:

- **Primero:** Recuerda cuando eras niño y trata de reproducir los sentimientos y emociones que experimentaste en cada etapa. Así podrás entender el corazón de tu hijo en la etapa en que él o ella se encuentra hoy. Recuerda todo lo que sufriste y padeciste y las cosas que gozaste y disfrutaste, todas las cosas que no entendías, o cómo las entendías a esa edad.

- **Segundo:** Pide revelación a Dios y te darás cuenta de que cada persona es un mundo. Al pedir revelación de Dios, podrás conocer y entender el corazón de cada uno de tus hijos y así podrás suplir sus necesidades. Dios dará revelación en todas aquellas cosas por las cuales oramos.

¿Quieres que Dios te revele el corazón de tus hijos? Ora por ellos. Percibirás de ellos cosas que jamás imaginaste que lograrías discernir.

PREVENIR ANTES DE REMEDIAR

Uno de los papeles que como padres tenemos que jugar en la vida de nuestros hijos es el de prevención. Prevenir situaciones difíciles durante su crianza es importantísimo. Ellos estarán sometiéndose constantemente a circunstancias para las cuales no están preparados. Necesitarán aprender muchísimo, ser enseñados e instruidos. La vida de los niños consiste en recibir instrucciones constantemente.

Los padres sabios usan más la prevención que el remedio. Si no somos preventivos, estaremos señalándolos y regañándolos constantemente. Ese no es un ambiente saludable para ganar la amistad y el corazón de tu hijo.

Para evitar, debemos aprender a dar "consejos gratis". Desde que nuestros hijos son pequeñitos, debemos aprender a aconsejarlos.

¿Qué son consejos gratis?

Son las recomendaciones que se ofrecen cuando no han sido pedidas. Precisamente esto es ser preventivo.

¿Cómo ofrecerlas?

Recordando las cosas que te pasaron en tu adolescencia, las experiencias vividas cuando ingresaste a la escuela, la manera cómo te relacionaste con tus amigos, etc.

Esa es la información recopilada con la que ayudarás a tus hijos. Cuéntales como parte de tu experiencia, permite que esto dé pie a que ellos también comenten y procura estar atento a reconocer cosas que puedes prevenirle a tus hijos.

> *Dice la Biblia: "y si alguno de vosotros tiene falta de sabiduría, pídala a Dios, el cual da a todos abundantemente y sin reproche, y le será dada".*
>
> —Santiago 1:5

El padre o madre que quiere ser un modelo de hombre o mujer clamará a Dios y pedirá entendimiento porque sabe que esa es la fuente de poder para convertirnos en los padres que debemos ser. Si en algo debemos ser excelentes, es en la profesión de la paternidad.

El poder de los consejos

Cuando los hijos descubran los resultados positivos de los consejos gratis, les parecerán atractivos. Pondrán mucho interés cada vez que necesitemos hablar con ellos. Aprenderán a reconocer la importancia de lo que vamos a comunicarles. Sentirán gusto de sentarse a escuchar porque las palabras de la boca de sus padres serán como palabras de profetas.

Al principio parece el relato de un cuento, pero luego se hace parte de ellos al cumplirse. De esa manera te ganas el respeto de tus hijos. Aprenderán a respetar tus consejos. Es una forma preventiva para evitar que sean regañados y castigados, y así se evitarán conflictos.

Decirles: "Papi tiene algo muy importante que decir", los acostumbrará desde pequeños a esta dinámica. No importa la edad que tengan, seguirás disfrutando de la admiración de ellos.

Cuando no somos preventivos, tenemos que entrar en el conflicto de la corrección. La corrección siempre trae un quebrantamiento de la relación. Esta es inevitable y no debemos temer emplearla cuando sea necesario, aunque se quiebre la comunión temporalmente. Hay maneras sabias de restaurar esa comunión.

Los padres preventivos tienen que brindarle tiempo a sus hijos y los padres que no tienen tiempo es sencillamente porque le han dado prioridad a otras cosas. No hay padres con buenos resultados que no hayan invertido tiempo en sus hijos. Debemos tomar decisiones radicales y presupuestar tiempo de calidad.

> "Ver películas junto con los hijos no es comunión familiar. Esto es bueno, pero no es una actividad que nos acerque a ellos".

Debe haber momentos en que nos sentemos en la cama, hablemos y tratemos de discernir cómo se sienten nuestros hijos y qué experiencias están teniendo en todos sus ambientes.

Basado en la información que hemos recibido y la oración, debemos tratar de prevenir y de adelantar las cosas que a ellos les puede ocurrir, y aconsejarlos.

CUIDADO CON LA IMPOSICIÓN

Si quieres lograr que tus hijos respeten tus consejos, debes respetar su intelecto respondiendo sus legítimas preguntas aunque te parezcan desafiantes. No darles explicaciones es como una imposición arbitraria de tu autoridad. Aunque ellos reconocen esa autoridad y se sujetan a ti, deberías conducirlos a hacer lo correcto porque entendieron las razones, y no porque lo aceptaron por imposición.

El problema de la imposición sin entendimiento es que cuando no estés presente, nada te va a garantizar que se portarán bien. Pero cuando les explicas tus razones, actúan por lo que entienden, y aún cuando no estés, podrás descansar en lo que has sembrado en ellos, por haberles explicado hasta la saciedad, por haber satisfecho su intelecto.

Cuando respondemos y explicamos, el conflicto se reduce. Si dejamos el conflicto sin resolver en el corazón de nuestros hijos, el problema se convertirá en un "bumerán", el conflicto regresará a nosotros y nos volverá a afectar probablemente peor que la primera vez.

Una de las dinámicas más enriquecedoras de la crianza es la constante producción de "consejos gratuitos" que llenarán el corazón de tus hijos de mucha seguridad y afirmación para vivir.

> ¡Si tan solo pudieras recordar cuando eras niño y trataras de prevenirles! Vivirás muchas experiencias en las que te sentirás muy recompensado.

APLICACIÓN DE LA SESIÓN

¿POR DÓNDE EMPEZAMOS?

1. ¿Cuáles son las dos cosas que podemos hacer para ser como nuestros niños?

_____

_____

_____

_____

2. ¿Qué son consejos gratis?

_____

_____

_____

_____

3. ¿Cuál es el problema de la imposición?

_____

_____

_____

_____

4. ¿Estás siendo previsor con tus hijos o tienes que llegar a la
corrección? ¿Cómo cambiar la dinámica?

_____

_____

_____

_____

5. ¿Cuánto tiempo inviertes en tus hijos? ¿Es el tiempo justo?

_____

_____

_____

_____

PADRES ESTABLES,
HIJOS ESTABLES

COMO HEMOS VISTO en el capítulo anterior, Dios logró llegar a nosotros para suplir nuestras necesidades. También vimos cuán efectivo puede ser este método para que, como padres, podamos lograr lo mismo.

Si empiezas a entender las necesidades de tus hijos, podrás suplirlas. Eso significa identificarte con el corazón y la mente de ellos, y seguir "calibrándote" para poder aconsejarles preventivamente a medida que van creciendo.

Necesidades fundamentales de los niños para un desarrollo saludable:

1. Estabilidad y seguridad
2. Disciplina
3. Amor
4. Elogios y alabanzas
5. Importancia
6. Respeto
7. Temor a Dios

Según el psicólogo estadounidense Abraham Maslow (1908-1970), existe una jerarquía de cinco necesidades básicas en todo ser humano:

Figura 1. Modelos de Maslow

Física: Oxígeno, agua, comida, techo, etc.

Seguridad: Libre de temor y ansiedad, dependencia, estructura, órdenes y leyes

Sociales: Sentirse amado, sentirse integrado

Autoestima: Respeto, alabanza (gloria), reconocimiento, importancia y atención

Autorealización: Autodesarrollo, alcance del máximo de su potencial.

Maslow explica que a medida que cada necesidad es satisfecha, la siguiente necesidad en secuencia se convertirá en la más dominante.

Aunque el modelo anterior utiliza principios humanistas, no obstante lo utilizamos aquí para una aplicación más amplia de las necesidades de los seres humanos desde una perspectiva integral (física, emocional y espiritual). Aparte de esta teoría, las siete necesidades fundamentales que debemos suplir en los niños son:

Figura 2. Modelo de Maslow aplicado a la necesidad integral del niño

Nota: No está considerada la necesidad fisiológica de los niños porque por lo general los padres suplen muy bien esa necesidad. Solo hay ciertos casos en que después de haberse divorciado, hay padres que parece que también se han divorciado de sus hijos, ya que no cubren las necesidades materiales de sus hijos y si no están dispuestos a proveer lo material, es casi improbable que suplan las demás.

Hay padres y madres dispuestos a suplir las necesidades antes mencionadas de la gente que los rodea, tales como empleados, clientes, compañeros de trabajo o inclusive a miembros de la iglesia, pero no pueden ofrecerles a sus hijos con ese mismo nivel de profesionalismo y hermandad cristiana que lo hacen a los demás. Tenemos que reconocer que las mismas necesidades que tienen los adultos las tienen nuestros hijos, no importa la edad que tengan.

NECESIDAD DE ESTABILIDAD

La estabilidad prepara con gran eficacia el corazón de tu hijo para que puedas sembrar en él la Palabra de Dios.

¿Qué impide que una persona pueda funcionar bien? Una razón puede ser que no se sienta segura. Al igual que el adulto, todo niño necesita sentirse seguro. Para un niño son otras las cosas que afectan su estabilidad y seguridad. Por ejemplo, en la vida de nuestros hijos, lo que imparte seguridad a su corazón es que vean a sus padres en comunión. Cuando los hijos, independientemente de la edad, observan hostilidad entre sus padres, se sienten inseguros; un temor de algo malo los comienza a embargar de una sensación de peligro.

QUE PAPÁ Y MAMÁ SE AMEN

Nadie mejor que los niños para comprender que su existencia es fruto del amor que papá y mamá se tuvieron. Cuando los padres se dejan de amar, o por lo menos demuestran que ya no se aman, los hijos en mayor o menor grado empiezan a perder el deseo de vivir. Descuidan sus estudios y empiezan a rebelarse contra las reglas porque sienten que es injusto que los adultos no tengan la madurez necesaria para superar sus conflictos. Se deprimen porque se convierten en víctimas inevitables de una guerra que ellos no provocaron. Terminan preguntándose si ellos tuvieron que ver en algo, y se aterran. Se rebelan porque no quieren que les hagan pasar por el quebrantamiento de lo más importante de su vida: su familia.

Ellos no ven lo que ocurre detrás de la puerta de la habitación matrimonial cuando la cerramos. Lo único que ven es lo que ocurre a la salida.

Muchas veces en el único lugar donde hay intimidad, es en el único lugar donde hay comunión; cuando estamos detrás de la puerta.

Por lo tanto, allí no hay alivio porque el problema radica en que la mayoría de lo que ocurre afuera son asperezas.

> Esto los hace sentirse muy inseguros, incluso pueden pensar: "Si papá y mamá dejan de amarse, yo dejo de existir".

Después de esto, los hijos ya no le encuentran sentido a la vida y deciden tener a la perdición como opción atractiva. De aquí que los adolescentes y jóvenes hayan convertido a sus amigos en lo más importante de su vida.

Sus amigos son iguales a él o ella, no los abandonan, saben todo de ellos, los aceptan y tienen todo el tiempo disponible para pasar con ellos.

Aquel vacío que provocó la desintegración familiar, tu hijo lo llenará con todo lo que puede para no toparse con la realidad que tanto duele:

> "El amor no existe, la familia es un fracaso, no hay nadie fiel; la vida no tiene sentido; Dios nunca debió haberme creado; y por último, si mi familia fracasó, y la iglesia también, voy a ver qué puede ofrecerme la calle".

AMARÁN A DIOS COMO YO AME A MI CÓNYUGE

Si quiero que mis hijos se enamoren de Dios, lo primero que tengo que hacer es enamorarme de mi cónyuge y asegurarme de andar en comunión con ella o él. Si no es así, no solamente nos destruiremos como matrimonio, sino inevitablemente destruiremos la vida de nuestros hijos.

Si estás en un proceso de separación, por más que trates de manejar la separación "lo mejor posible" y tengas la ayuda de un psicólogo, vas a causarles daño a tus hijos y a perturbarlos.

Una de las grandes dificultades que tendrán a partir de la separación es entender el amor de Dios. Muchos niños se sentirán defraudados de todo: de ellos mismos porque se sentirán culpables en alguna medida; del padre que abandonó el hogar porque fue egoísta y buscó su propio bienestar a expensas del de ellos; del que quedó porque pudo haberlo evitado; y Dios no queda fuera de la lista. No será imposible restaurar la verdadera imagen de Dios en sus vidas, pero será difícil.

Amar a tu cónyuge y trabajar intensamente para que el romance no muera es imprescindible, no solo para tu propio bienestar, sino por el estímulo emocional que esto provoca en los hijos. Se sentirán orgullosos de sus padres y eso los llenará de fuerza para enfrentar la vida con entusiasmo. Ellos reconocerán que Dios ha sido el que ha traído la estabilidad de unidad en su familia.

Cuando decidimos marcar un ambiente donde se evidencie el amor entre esposos, nuestros hijos también participarán de ese amor. ¡Cuán sanadora puede ser una acción de amor aunque no haya sentimientos envueltos! El amor no es un sentimiento, sino una actitud, una acción a favor de lo que sabemos que es correcto. Los sentimientos y emociones vienen luego de nuestra acción de amor.

La madurez emocional y la estabilidad espiritual de los padres tendrán un efecto directo en la ejecución, comportamiento y desarrollo integral de los hijos.

La estabilidad de la templanza

Otro ejemplo de cómo podemos ofrecerles estabilidad a nuestros hijos es que al enfrentar momentos difíciles reaccionemos con templanza (dominio propio). Nuestras reacciones de desesperación provocan inestabilidad en ellos porque se supone que el que los debe controlar se está descontrolando. Tenemos que tomar posturas de fe.

Ejemplo: Tenemos dificultad económica, no hay cómo pagar algunos gastos. Si dentro de esas circunstancias que muchos vivimos, nuestros hijos nos ven orando juntos como matrimonio, en comunión, en lugar de vernos desesperados, gritándonos, unos a otros, echándonos la culpa por la situación financiera que estamos pasando, ellos sentirán tranquilidad. Dirán: "Si papá y mamá están bien, aunque no haya dinero y estemos en crisis económica, todo estará bien". Ellos reconocen que el bienestar familiar no consiste en los bienes que se poseen, sino en la unidad del amor incondicional que todos se profesan a pesar de las circunstancias.

Cuando los padres se desesperan y no proyectan fe, los hijos pierden seguridad. Si no puedes hacer nada, ora; desahógate con Dios y descansa en Él por fe, aunque sea por amor a tus hijos, para que puedan gozar de un ambiente estable y seguro donde crecer. Al salir de la crisis, habrás mostrado el carácter de Cristo y Dios se habrá hecho más real en la vida de ellos. Tu fe contagiará a tus hijos y probablemente tú también seas sorprendido de lo que ellos serán capaces de creer y hacer por medio de la fe que aprendieron de ti.

NUNCA utilices a tus hijos como paño de lágrimas durante una depresión, aunque ellos sean maduros; no les corresponde ese papel. Utiliza los recursos a tu alrededor: padres, pastores, hermanos maduros espiritualmente, psicólogos cristianos, pero nunca a tus hijos.

Ellos estarán dispuestos a jugar ese papel porque te aman, pero tu imagen como padre o madre decaerá delante de ellos. Algo muy dentro les hará sentir que perdieron el sentido de seguridad que deberías representar como padre o madre, y también sentirán que ahora tienen que cargar contigo y con tus problemas.

APLICACIÓN DE LA SESIÓN

PADRES ESTABLES, HIJOS ESTABLES

1. ¿Cuáles son las necesidades fundamentales de los niños para un desarrollo saludable?

_____

_____

_____

_____

2. ¿Cómo es el modelo de las necesidades de los seres humanos desde una perspectiva integral?

_____

_____

_____

_____

3. ¿A qué se refiere el autor cuando dice que "el amor no es un sentimiento, sino una actitud"?

_____

_____

_____

_____

4. ¿De qué manera estás supliendo las necesidades de tus hijos?

_____

_____

_____

_____

5. ¿En tu familia ha habido momentos de desintegración? ¿Qué hiciste para que esto dejara de suceder?

_____

_____

_____

_____

6. ¿Cómo demuestras la seguridad y estabilidad en tu hogar?

_____

_____

_____

_____

EQUIPÁNDOLOS PARA VIVIR

La DISCIPLINA ES otra necesidad imprescindible para que nuestros niños puedan crecer espiritualmente. Ellos agradecen la disciplina porque les ofrece estabilidad. La disciplina los equipa para poder responder a las demandas que cada etapa de la vida les exigirá.

Mientras más temprano comencemos a disciplinarlos, menos estrés habrá, tanto para el niño como para los padres.

Un niño disciplinado se sentirá seguro de enfrentar la vida, ya que la disciplina desarrollará en él un carácter que lo hará sentir competente. Al principio, ninguna disciplina es causa de gozo; pero luego, cuando ellos vean los resultados, lo agradecerán.

Cuando un niño comienza a sentirse incompetente en la vida, se resiente contra los padres, que por causa de la permisividad y temor a disciplinar dejaron subdesarrollada algunas áreas de la vida, áreas que ahora están cobrando con intereses.

LA DISCIPLINA DE HÁBITOS

Una de las ventajas es que la disciplina crea hábitos. Si no creamos en ellos costumbres o hábitos desde temprano, será muy difícil que lo logremos cuando sean maduros.

EJEMPLO: Cuando están adolescentes pretendemos que sean hacendosos y ordenados, pero de pequeños creíamos que eran muy niñitos como para que ellos lo pudieran hacer. Pretendemos que hagan los quehaceres cuando están más grandes, pero ¿a qué los estamos acostumbrando? ¿A que empiecen a los seis o siete años? Es injusto ser tiranos de nuestros hijos en la adolescencia cuando durante años permitimos que sean indisciplinados. ¿Somos nosotros los responsables de tal indisciplina?

- Dios nos mostró que la disciplina de hábitos era una bendición y que teníamos que ayudar a nuestros hijos a adquirir esta cualidad. Como padres, no podemos ver la disciplina como una crueldad hacia nuestros hijos, sino como una bendición.
- Desde muy pequeños tenemos que practicar la disciplina y, sobre todo, celebrar el acto de obediencia con palabras de afirmación. No des una orden si no vas a hacer que se cumpla, ¡y nunca te rindas! Los niños nunca olvidarán el momento en que lograron doblarte el brazo; lo intentarán nuevamente y cada vez con más fuerza.
- Ambos padres deben cooperar en la campaña de disciplina. Si nuestros hijos aprenden desde el principio que **"papá y mamá unidos jamás serán vencidos"**, serán rápidamente instruidos para así desarrollar las habilidades y virtudes de carácter que queremos ver crecer en ellos.
- Luego de que se dé la obediencia, recuerda celebrar en grande para recompensarlos.

LA DISCIPLINA EVITA HÁBITOS NOCIVOS

Se trata de evitar que nuestros hijos adquieran hábitos que sean nocivos a su desarrollo, tanto intelectual, emocional como espiritual.

Todos sabemos que uno de los hábitos más aceptados por casi todas las familias es el de ver televisión. La televisión se ha convertido en el centro del hogar y la solución de muchos padres para poder tener un respiro mientras desempeñan otras tareas del hogar.

Sin embargo, muchas veces contradice y neutraliza todos los valores que tratamos de inculcar en nuestros hijos. Esta exposición a la televisión compite muchísimo con el buen desarrollo de la vida moral y espiritual del niño, sin mencionar el daño físico por la falta de ejercicio.

SIN TIEMPO, NO VOY A LOGRARLO

¿Qué implica trabajar en buenos hábitos? Se necesita tiempo. Y ahí está el problema de la responsabilidad paterna. El que no quiere dedicar tiempo a esto tiene un gran problema. ¿Qué va a ocurrir? Que según van pasando los años, cuando quieras darte cuenta, has criado hijos indisciplinados que no tienen el menor concepto de lo que es orden, o has formado jóvenes con doble estándar de moral.

Los padres desesperados que no tienen paciencia para enseñar, ¿qué van a hacer? Dirán: "Muchacho, espérate, yo lo hago". ¿Y qué sucede? Pasarán cinco, seis, siete años, y cuando quieras empezar a enseñarle, habrá muchos roces porque no se ha formado esa parte de su carácter. El orden no forma parte de sus hábitos.

Como padres, no vamos a torcer las características intrínsecas de su personalidad, pero por encima de eso, deben aprender el orden. El que comprendas su personalidad y le des espacios a sus gustos particulares sin negociar el resultado final, ayuda a que él entienda que por amor estamos exigiéndole ciertas cosas para su propio beneficio.

Hay hijos que por naturaleza son muy ordenados. Algunos hijos tienen unas ventajas, otros tienen otras. Cada hijo es diferente y tú tienes que apretar más ciertas áreas en uno que en otro. En uno deberás aplicar unas cosas y en otro no las necesitarás.

NO TRATES A TODOS TUS HIJOS POR IGUAL

Tratar a todos sus hijos por igual podría provocar el fracaso como padre en uno o más de tus hijos. ¿Por qué? Porque tú no tienes hijos iguales.

La crianza tiene que ser ajustada a las características de cada uno. Esta tiene que ser individualizada. Si compras algo para uno de sus hijos, no necesariamente tienes que comprar otro para tu otro hijo. Tienes que enseñarles a tus hijos a celebrar cuando papá trae algo para su hermano.

¿Por qué hacer a propósito esta diferencia? Para evitar la actitud de egoísmo y la envidia. Lo único que logramos como padres cuando decimos: "Si no tengo para todos, no tengo para ninguno", es evitar la posibilidad de erradicar el egoísmo del corazón de nuestros hijos. Es necesario ayudarlos a descubrir lo que hay en su propio corazón y guiarlos a madurar por medio de las lecciones pertinentes.

Si al traer un regalo para uno, observas que hay disgusto en el otro, siéntate con el "afectado" y explica lo que la Biblia enseña con respecto al egoísmo y la necesidad de gozarnos con los que se gozan, para evitar el pecado en el corazón. Así mismo asegúrate de entregar la próxima vez, al llegar a casa, un regalo al que anteriormente no lo había recibido, para que todos aprendan la misma lección.

Cuando quieras regalar a todos, pues que sea para todos; no hay problema con eso. Lo único que recomiendo cuando se les regala a todos a la vez, es que la calidad del regalo deberá ser equivalente.

Desde pequeños se manifiestan el egoísmo y la falta de humildad. Tenemos que ser conscientes de que el pecado está a la puerta del corazón de nuestros hijos desde que son bebés. Por ello la necesidad de enseñarles a sustituir actitudes pecaminosas por actitudes sanas.

¿POR QUÉ MUCHOS CRISTIANOS NO CRECEN?

Son cristianos que no crecen por causa de la indisciplina. No miran la Palabra porque no han desarrollado el hábito de leerla, mucho menos escudriñarla.

La autodisciplina va a impartirles fuerza de carácter a nuestros hijos. Si queremos que ellos disfruten de esta habilidad de fuerza de carácter para autodisciplinarse, tenemos que acostumbrarlos desde muy pequeños a ciertos hábitos. Para ello tenemos que emplear tiempo siendo firmes y consistentes en la disciplina. Cuando hacemos esto, tendremos consecuencias muy positivas en la vida espiritual de nuestros hijos.

Consistencia—Si no tienes consistencia y dejas pasar algunas cosas, sea por falta de tiempo o por cansancio, puedes alargar mucho el proceso de enseñanza. Los niños entran en estrés, ya que estamos enviándoles un mensaje equivocado cuando somos inconsistentes. Les decimos sin querer: *"Lo que haces está mal dependiendo de mi estado de ánimo"*. En otras palabras, interpretarán que la corrección es arbitraria. Ellos piensan: "Si está mal es malo siempre y se debe corregir siempre, pero si me lo dejan pasar algunas veces es porque no es importante, y cuando me corriges siento que es injusto porque me estás corrigiendo por algo que tú me has enseñado que no tiene mucha importancia".

Por ello la consistencia es importante, aunque demande mucho tiempo y algunas veces canse.

La disciplina de corrección

"La necedad está ligada al corazón del muchacho; mas la vara de la corrección la alejará de él".

—Proverbios 22:15

La necedad en el corazón del niño se muestra a través de la falta de interés por los preceptos enseñados. Esta falta de interés hace que los olvide con facilidad, razón por la cual cae en desobediencia. Todo es consecuencia de la inmadurez e ignorancia naturales en él. Por causa de lo anterior y porque así lo aconseja la Biblia, los padres nos vemos en la necesidad de aplicar la disciplina (vara) de la corrección. Con esto provocaremos una consecuencia dolorosa que lo ayudará a recordar. Fijará el precepto, le enseñará a valorizar y madurará su entendimiento.

"La vara y la corrección dan sabiduría; mas el muchacho consentido avergonzará a su madre".

—Proverbios 29:15

SIEMPRE CEDERÁ EL MÁS DÉBIL

Si tú no estás dispuesto a ganar la batalla de la disciplina, no la inicies, porque si tu hijo te gana esa batalla, sabrá que en otras oportunidades también podrá ganarte. Siempre cede el más débil y tú no debes ser el débil.

> ¡Qué bueno es que, cuando nuestra familia consanguínea no pueda suplir alguna necesidad básica, podemos contar con otra familia que en cierta medida lo haga!

En el caso de madres solteras y niños sin padres, una congregación unida con un sentido de familia resulta en una bendición incalculable. La vida para los padres es difícil. Para las madres solteras o divorciadas es peor aún. ¡Qué bendición es poder contar con una familia que está ahí siempre para ayudar a aliviar la carga!

APLICACIÓN DE LA SESIÓN

EQUIPÁNDOLOS PARA VIVIR

1. ¿Por qué muchos cristianos no crecen?

_____

_____

_____

_____

2. ¿Qué se necesita para crear buenos hábitos en nuestros hijos?

_____

_____

_____

3. ¿De qué manera disciplinas a tus hijos?

_____

_____

_____

4. ¿Estás mostrando bendición por medio de la disciplina de hábitos?

_____

_____

_____

5. ¿De qué manera ejerces la crianza individualizada con tus hijos?

_____

_____

_____

6. ¿Cómo podemos aplicar las enseñanzas de Proverbios 22:15 y 20:15 con nuestros hijos?

_____

_____

EL AMOR, LA BASE DE LA DISCIPLINA

LA DISCIPLINA TIENE que ofrecerse en contexto de amor y por amor, no como un desahogo de ira. Cuando el coraje es el motor de la disciplina, se cometen serios errores de procedimientos, métodos e intensidades. Estos son los casos en que padres maltratan a sus hijos.

La disciplina debe ser aplicada desde el momento en que el niño empiece a desobedecer, tenga la edad que tenga. Hay que comenzar cuando ellos se resisten a la autoridad. No debe darnos lástima. Por el contrario, si no lo hacemos, sufriremos mucho como padres y dañaremos el carácter de nuestro hijo. No debemos temer a la disciplina si se aplica por amor y en amor, en la medida correspondiente a su edad, claro está. Hay que disciplinarlos cuando ellos comiencen a pedir disciplina, de acuerdo a su rebelión. Y debemos recordar siempre asegurarnos de la razón de su comportamiento, antes de corregir.

Por eso no es conveniente aplicar disciplina de inmediato; tenemos que asegurarnos de ser justos en toda acción disciplinaria. Cuando son muy pequeños, tenemos que asegurarnos de que sus necesidades físicas básicas han sido cubiertas, inspeccionándolos por completo. Los niños también son atacados espiritualmente y necesitan ser cubiertos en oración por sus padres, ya que Satanás no respeta edad y atormenta también a los niños. Por lo tanto, pon tus manos sobre el niño y bendícelo. Además debemos asegurarnos de que las necesidades de compañía y afecto también hayan sido cubiertas. Revisado todo ello y viendo que la rabieta continúa y que el niño se calma de inmediato cuando lo tomamos en los brazos, esto puede ser un claro caso de engreimiento. Luego de suplir su necesidad de compañía por un tiempo razonable, hay que aplicar disciplina para la salud emocional, mental y física de todos, especialmente de la madre.

¿Cómo puedes evitar maltratarlos y asegurarte que la medida de la disciplina vaya a tono con la capacidad del niño? No es sencillo. Debes tomarte el tiempo con el niño para hablarle y explicarle las cosas, aunque tú creas que él no está entendiendo. Háblale y dile por qué lo vas a disciplinar. Después que te hayas desahogado explicándole la razón de la disciplina y te hayas asegurado de expresarle tu amor antes de aplicar la dosis, entonces procede a tono con su edad.

Para consolarlo después de la disciplina, abrázalo confirmándole verbalmente una vez más tu amor incondicional, a pesar de su comportamiento. Ora por él. No lo dejes solo hasta que se recupere completamente y se puedan sonreír mutuamente.

CÓMO HACERLOS SENTIR IMPORTANTES EN MEDIO DE LA DISCIPLINA

Otro aspecto de la disciplina que quizás te parezca extraño es cómo hacer sentir importante a un hijo en medio de la disciplina. Una de las cosas que hace sentir a una persona importante es el tiempo que le dedicamos. Cuando saludas a una persona, la despachas rápidamente y no te detienes a conversar con ella, esa persona eventualmente entenderá que no es importante para ti.

Un hijo descubre cuán importante es para sus padres por el tiempo que estos le dedican. Luego, con el correr de los años, nadie lo convencerá de lo contrario.

Por ejemplo, hay padres que quieren disciplinar y solamente tienen un minuto para hacerlo. Todo lo que van a hacer en el momento de disciplina lo quieren vaciar en un minuto. ¡Error! Si vas a disciplinar a tu hijo, tienes que dedicarle todo el tiempo que requiere el proceso.

Primero tienes que dedicar tiempo hablándole y explicándole en amor la razón de la disciplina. A los niños les hace daño ser disciplinados sin saber por qué lo estás siendo. Si no lo entienden, les hace daño recibir la disciplina. Aunque parezca claro y lógico que él entienda, debes explicarle por qué razón lo vas a hacer. La clave del éxito en todos los sentidos es darle buenas razones y siempre con amor.

Desahoga tu molestia hablándoles

El dedicar tiempo para hablar tiene otro propósito. Este es el de desahogar la ira, el enojo o la molestia que te provocó su comportamiento. Es necesario que en ese momento le recuerdes cuánto lo amas, y por esa razón estás obligado a ejecutar la disciplina. El proceso de decirle estas cosas hace que se neutralicen las pasiones provocadas por el mal rato. Cuando ya tienes todas tus emociones en control, entonces tomas conscientemente la "vara de la corrección". Aplícale, según hayas calculado, lo que es justo, y sé consciente de lo que estás haciendo. Hazlo bien; con firmeza y por amor.

"No rehúses corregir al muchacho, porque si lo castigas con vara, no morirá. Lo castigarás con vara, y librarás su alma del Seol".

—PROVERBIOS 23:13-14

No disciplines con lástima. Hazlo con sabiduría, con firmeza, a la medida y siempre en amor para que tenga efecto. Cuando los padres disciplinan con lástima se faltan el respeto a sí mismos, y lo peor es que los niños se dan cuenta. Esto hace que el niño le pierda el respeto también a la disciplina. A veces ellos calculan la "medida de dolor que van a sufrir" si desobedecen, y se dan cuenta de que no hay ningún tipo de dolor porque sus padres lo hacen con lástima o temor. Entonces, con esta favorable situación, deciden violar las reglas constantemente porque las consecuencias de su desobediencia son tolerables.

GANARNOS EL DERECHO A DISCIPLINAR

Debemos recordar que a un niño bien amado y cubierto de afecto y halagos le duele más ver a sus padres molestos por sus desobediencias que el dolor mismo de la disciplina. Por eso es necesario que los padres, antes de disciplinar físicamente a sus hijos, se hayan "ganado el derecho a hacerlo" por medio del amor.

En otras palabras, hará mucho mejor efecto la disciplina de un padre amoroso y afectuoso, que la de un padre que no ha tenido tiempo para dedicarle al niño y le ha faltado energía o valor para expresarle cuánto lo ama. En el momento de la disciplina yo puedo decirle que le amo. En efecto, debo decírselo y enfatizar que la razón por la cual lo hago es por amor. Un momento de disciplina puede convertirse en un momento de amor y comunión intensa entre un hijo y su padre.

LA ALABANZA EN MEDIO DE LA DISCIPLINA

Un momento de disciplina puede ser también un momento de alabanza. "Te estoy disciplinando, pero no quiero que te olvides que eres un tesoro para nosotros. Tenemos que disciplinarte para que nunca dejes de ser lo que eres: una bendición".

Terminamos de aplicar la disciplina y ahora vamos al momento de la intimidad. Vamos a pedir perdón, vamos a abrazarnos, vamos a orar para sellar este difícil momento, para reunir nuestros corazones en comunión y amor. Este tiene que ser el fin de cada momento de disciplina.

Todo esto requiere tiempo. En cambio, el padre que quiere salir del paso rápidamente, ¿qué va a hacer? Dejará a sus hijos en mal estado, heridos y dará la impresión equivocada: que los está rechazando. El propósito de la disciplina no se cumplió y lamentablemente quedó sin fruto. ¿Cuál será la dinámica paterno-filial de esa familia? Los hijos se van a sujetar a sus padres porque no tienen otro remedio, pero tan pronto comiencen a sentir que tienen libertad tendrán una doble vida, serán una cosa en el hogar y otra cosa en la calle.

Los padres descubrirán eventualmente que nunca poseyeron el corazón de sus hijos. Tuviste su sujeción aparente, pero no tuviste su corazón. Esta realidad es frustrante y dolorosa.

CÓMO DISCIPLINAR SIN PERDER SU CORAZÓN

- Explícale el porqué de la disciplina.
- Afírmale que lo haces por amor.
- Halágalo por sus virtudes, razón por la cual se disciplina: para que no pierda esas cualidades.
- Hazle compañía mientras llora, abrazándolo, besándolo y repitiéndolo que lo has hecho por amor.
- Ayúdale a controlar poco a poco su llanto para que pueda volver a hablar.
- Dirígelo a pedir perdón a Dios y a quien agravió.
- Ora por tu hijo y llévalo a reconciliarse con el agraviado.
- Afírmale tu amor con abrazos, besos y felicitaciones por haber obedecido durante el proceso.
- Quédate un rato con el niño para hacer alguna actividad de juego o entretenimiento.

DISCIPLINA DE HIJOS VARONES

Existe una gran diferencia en la disciplina de hijos varones en comparación con la disciplina de hijas. Concretamente en la dinámica de la disciplina, el sexo juega un papel importante en el desarrollo emocional del hijo varón.

Los varones poseen una naturaleza masculina que tiende a apegarse mental, emocional y físicamente con la figura de su padre a partir de los 7 u 8 años aproximadamente. Alrededor de esa edad es donde los varones empiezan a reconocer y desear el desarrollo de su hombría. La necesidad de la presencia de su padre se hace imperiosa. El niño comienza a descubrir los atributos masculinos de su padre, lo admira y quiere ser como él. En ocasiones, esta atracción puede ser tan fuerte que aunque las actitudes del padre no sean las mejores, lo admira y quiere imitarlo.

Es entonces cuando el niño desea abrazarlo, tocar los músculos del brazo de su padre y acompañarlo a todo lugar. Hay padres que se sienten inseguros cuando su hijo comienza a manifestar esta atracción hacia ellos. Dudan de la naturaleza de esa necesidad y comienzan a retirarlos o despegarlos, creyendo que así asegurará la definición apropiada de su personalidad varonil. No saben que están, precisamente, provocando lo contrario. Están impidiendo una intimidad sana que trasmite o imparte masculinidad de una generación a otra.

Cuando los padres ignoran este proceso natural necesario y no lo suplen, crean un varón subdesarrollado emocionalmente que sentirá atracción por la figura varonil. Este desarrollará la personalidad que su padre deseaba crear en él, pero en su interior, ocasionalmente, sufrirá en silencio esta inclinación que la naturaleza puso en su interior para que fuese satisfecha por su padre, pero que por temor o inseguridad se quebró.

Cuando un niño varón a la edad crítica de los 7 a 9 años es desprovisto de la presencia afectuosa de su padre, o peor aún, cuando sufre la ausencia total del mismo, aquí es donde se crean vacíos existenciales en los niños varones que no tuvieron la oportunidad de intimar en este contexto de masculinidad sana entre padre e hijo.

Esta es una de las razones de por qué hay tantos varones jóvenes y adultos que necesitan constantemente "probar" su hombría ante los demás. Llevan una lucha a menor o mayor grado de insatisfacción propia. Estos son las víctimas fáciles de las compañías de publicidad que logran venderle cualquier producto propio de "hombres" (carros deportivos, revistas de chicas hermosas, licor, cigarrillos, etc.), aprovechándose de esta necesidad no suplida. Todo aquello que pueda hacer sentir a cada varón *más hombre* será fácil vendérselo.

Dentro del contexto de la disciplina, este vínculo o eslabón emocional debe ser utilizado para efectivizar más los resultados de la disciplina. A los varones se les hace más fácil aceptar la autoridad y disciplina cuando viene del padre que cuando viene de la madre. La identificación con la figura del padre hará que el niño ceda con más facilidad cuando este sea confrontado. La autoridad del padre es deseada y hasta cierto punto, anhelada, siempre y cuando se aplique con firmeza y amor, ya que el proceso los acercará, los unirá e impartirá la estabilidad de la sujeción.

El ejercicio de la autoridad de la madre comienza a ser ofensiva cuando el niño comienza a reconocer su hombría. A medida que el niño va madurando, sentirá que la madre le falta el respeto cuando lo trata como a un niño y lo disciplina muy fuertemente. Este podría sujetarse y seguir las reglas impuestas por su madre, pero en su interior lleva una ira reprimida contra ella o contra la figura de la mujer.

El problema mayor no lo sufrirá la madre, sino aquella mujer con quien eventualmente se case este futuro hombre, ya que cualquier crítica que levante, cualquier orden que le dé a su esposo o cualquier expresión de disgusto que exprese se tomará o interpretará como una falta de respeto hacia él. Toda la ira que este niño no pudo desahogar contra su madre ahora la arrojará contra su esposa. Será poco tolerante hacia cualquier resistencia que su esposa le ofrezca. Por lo tanto, niños disciplinados mayormente por las madres son propensos a ser maridos duros, agresivos e intolerantes.

Esto no significa que las mujeres no pueden disciplinar a los niños varones. De hecho, las madres deben hacerlo todas las veces que sea necesario, siempre y cuando su marido no esté en casa. En ausencia de este, ella debe imponer disciplina en nombre de su esposo y siempre aclarar que cuando regrese el padre, el niño tendrá que atenerse a las consecuencias del juicio de él. La madre se presentará sin excepciones como delegada de su esposo al ejecutar el control disciplinario necesario. Su responsabilidad será informar siempre a su esposo de los acontecimientos y dejar a su discreción si añadirá algún otro elemento correctivo. Aquí el padre hará valer la autoridad de su esposa delante de los hijos para que ellos entiendan que ella opera en la autoridad delegada de su esposo.

Debemos ayudar a que llegue este mensaje a la mente del niño: "Mamá me disciplina con la autoridad de papá, y papá hace valer la autoridad de mamá".

Si el padre está en casa, la disciplina debe ser ejercitada por él (por las razones antes expuestas). Esto tiene que ser bajo mutuo consentimiento, ya que la tentación más común es que el padre no quiere disciplinar por el poco tiempo que está en la casa para no dañar el ambiente ni la comunión con los muchachos. Pero el que ha entendido la bendición que la disciplina representa para el buen desarrollo emocional y espiritual del niño, no va a escatimar esfuerzos para hacer lo que haya que hacer hasta lograrlo.

Esto traerá gran descanso a las madres, ya que como padres, al llegar a casa somos nosotros quienes nos encargamos de los niños.

QUE NADIE INTERFIERA EN TU DEBER

Siempre que los padres se proponen disciplinar, aparecen de inmediato los caudillos defensores de nuestros niños: "los abuelos".

Tenemos mucho qué agradecerle a los abuelos, pues nadie como ellos para amarlos y complacerlos en todo. El problema es que los abuelos, por lo general, no se dan cuenta de cómo interfieren en la disciplina saludable de sus nietos. A veces criticarán abiertamente a los padres por considerar exagerada e innecesaria la disciplina. Esta dinámica traerá confusión a los niños y malestar en las relaciones de los padres con los abuelos, sobre todo si son suegros. Como consecuencia, podría traer problemas en el matrimonio, por lo tanto, hay que impedir la interferencia.

La división entre padres crea inseguridad. Si los hijos no ven unidad entre sus padres, se confunden. Entonces, les hace daño la disciplina porque no la entienden. Si sus padres están divididos, sus razonamientos se dividen y dejan automáticamente de entender.

Si tu esposo no está utilizando los razonamientos o el método correcto, corrige a tu marido después, en privado. Si él tiene que arreglar algo que hizo mal, que sea él quien lo arregle con el niño; que sea él quien pida perdón y restaure lo que tenga que reconstruir. Pero en ese momento no comentas el serio error de restarle autoridad a tu cónyuge en presencia de tus hijos. Tanto daño hace el que contradice al cónyuge que disciplina, como el que disciplina mal.

Ambos tienen que cuidarse mucho en esto porque hay hombres que no tienen carácter para disciplinar a sus hijos y entonces las esposas se ven en la obligación de asumir el papel de autoridad y disciplina. Entonces luego reciben la decepción de ser regañadas por sus esposos porque ellos no están de acuerdo con la disciplina, y peor aún, lo manifiestan frente a los niños. Ambos tienen que mostrarse en armonía, aunque no necesariamente estén de acuerdo en todo.

Háganlo en privado para que el que disciplinó regrese y enmiende las cosas con el niño, si fuera necesario.

APLICACIÓN DE LA SESIÓN

EL AMOR, LA BASE DE LA DISCIPLINA

1. ¿Qué significa "no disciplines con lástima, hazlo con sabiduría"?

_____

_____

_____

_____

2. ¿Cuál es el método que el autor sugiere para disciplinar a los hijos?

_____

_____

_____

3. ¿Cómo puedes evitar maltratar a tus hijos y asegurarte que la medida de la disciplina vaya a tono con la capacidad del niño?

_____

_____

_____

_____

4. ¿Cómo hacer para que tu hijo se sienta importante en medio de la disciplina?

_____

_____

_____

_____

5. ¿Cómo es la dinámica de tu esposo/a contigo al momento de disciplinar a tus hijos?

_____

_____

_____

AMOR: ¿NO ES OBVIO?

TODO NIÑO QUE se siente amado por sus padres gusta con mayor facilidad de la presencia de Dios. Hazte las siguientes preguntas: ¿Cuántas veces al día los abrazas? ¿Cuántas veces al día los besas? Uno de los problemas más comunes es que algunos padres logran ser muy afectuosos mientras sus hijos son muy pequeños, pero a medida que van creciendo, el afecto entre padres e hijos va menguando. ¿Por qué tiene que ser así? No debe haber razón alguna para dejar de ofrecer afecto físico, cariño y expresiones abiertas de amor a nuestros hijos, independientemente de la edad que tengan.

Hay jovencitos que cuando llegan a la adolescencia ya no quieren que sus padres les expresen amor en público porque piensan que se van a burlar de ellos. Sin embargo, para sorpresa de ellos mismos, descubren que son admirados por sus compañeros por la relación que existe entre ellos y sus padres. Algunos compañeros hasta ofrecen en broma cambiar a sus padres para poder disfrutar de aquello que para algunos es cotidiano.

¡ES QUE YO SOY ASÍ!

Hay quienes justifican el no ser cariñosos ni afectuosos, con su personalidad. Si Dios no nos hubiera demostrado su amor con acciones, ni tú ni yo hubiéramos estado gozando de nuestra relación con Él. La personalidad de Dios es ser afectuoso en el amor y demostrarlo en acciones. Por lo tanto, todos nosotros hemos sido llamados a imitar la personalidad de Dios.

Descarta esa personalidad que te hace ser seco y poco afectuoso, y decide adopta la personalidad de Dios. Tengamos esto por regla, tengámoslo por ley:

> El amor no expresado, aunque sea amor, es un amor sin fruto. Podrá ser amor, pero queda improductivo.

La Palabra de Dios es clara con respecto al amor:

"Si yo pudiera hablar todos los idiomas del mundo y de los ángeles, pero no amara a los demás, yo sólo fuera un metal ruidoso o un címbalo que resuena. Si tuviera el don de profecía y entendiera todos los planes secretos de Dios y contara con todo el conocimiento, y si tuviera una fe que me hiciera capaz de mover montañas, pero no amara a otros, yo no sería nada. Si diera todo lo que tengo a los pobres y hasta sacrificara mi cuerpo, no podría jactarme de eso; pero si no amara a los demás, no habría logrado nada. El amor es paciente y bondadoso. El amor no es celoso, ni fanfarrón, ni orgulloso, ni ofensivo. No exige que las cosas se hagan a su manera. No se irrita ni lleva un registro de las ofensas recibidas. No se alegra de la injusticia, sino que se alegra cuando la verdad triunfa. El amor nunca se da por vencido, jamás pierde la fe, siempre tiene esperanzas y se mantiene firme en toda circunstancia. La profecía, el hablar tiene idiomas desconocidos, y el conocimiento especial se volverán inútiles. ¡Pero el amor durará para siempre! Ahora nuestro conocimiento es parcial e incompleto, ¡y aún el don de profecía revela sólo una parte de todo el panorama! Sin embargo, cuando llegue el tiempo de la perfección, esas cosas parciales se volverán inútiles".

—1 CORINTIOS 13:1-8, NTV

EL AFECTO FÍSICO ES IMPRESCINDIBLE

Por lo tanto, el amor que no tiene fruto de nada sirve, no tiene valor alguno. El afecto físico es imprescindible. No es un asunto de personalidad, sino un asunto de libertad. Si eres libre, podrás amar y ser afectuoso sin inhibiciones. Si eres libre y no estás atado a tu pasado, entonces eres libre para dar amor, así no te lo hayan demostrado afectuosamente. Si destruyes esa maldición, puedes amar y bendecir a los tuyos.

Hay quienes pueden llegar a cierto grado de afecto, pero no pueden mirar a la pupila de los ojos del otro a quien le quieren expresar amor. No pueden decirle: "Te amo, no te imaginas cuánto te amo", mirándolo a la pupila de los ojos. ¡Cuánto necesitan nuestros hijos que en momentos dados les tomemos el rostro y penetremos su mirada, y como metiéndonos por sus pupilas les digamos:

> "Le ruego a Dios que me ayude a demostrarte durante toda mi vida, cuánto te amo. Y no importa qué edad llegues a tener, que pueda yo siempre convencerte de cuánto te amo!" ¡Esto es libertad!

EL AMOR EXPRESADO ES MEDICINA CONTRA LA PROMISCUIDAD

Por lo general, respondemos favorablemente a las personas que nos ofrecen un trato que necesitábamos recibir, y nos sentimos afectados si rara vez o nunca lo recibimos de aquellos de quienes esperábamos ese trato (por ejemplo, nuestros padres). Se nos hace difícil resistir el acercamiento de aquellos que vienen con intenciones cuestionables o malas porque astutamente nos están ofreciendo el alimento que necesitaba nuestra alma hambrienta de atenciones y cariño. Resistimos la tentación por los principios morales que abrigamos y porque procuramos llenar ese vacío con nuestra relación de amor con Dios, el único capaz de llenarlo por completo. Aunque venzamos, no obstante, se nos puede hacer difícil resistir la tentación de aceptar compartir íntimamente con aquellos que gratuitamente nos saturan de esas atenciones que nos hacen sentir especiales.

Si es difícil para el adulto resistir el acercamiento a su vida de las personas equivocadas que lo tratan con tanta supuesta admiración y amor, **¡cuánto más a los adolescentes y jóvenes que están en una etapa de transformación donde necesitan tanto la afirmación y aprobación de su núcleo íntimo familiar!** Cuando en una familia no existe o hay poco afecto físico y expresiones de amor, aceptación y perdón práctico reconciliador, exponemos a nuestros hijos a tentaciones difíciles de resistir.

Cuando una joven vacía por la frialdad del ambiente familiar comienza a ser tratada con todas las atenciones y tratos especiales de aquellas **"amistades"** de varones con altos "niveles hormonales", a ella se le hará difícil resistir e impedir que él continúe acercándose peligrosamente (aún en términos sexuales). Es que emocionalmente ella está sedienta y eso la hace débil. En ocasiones, aunque sepa que está mal lo que está pasando entre ella y su amigo o novio, continúa porque siente que lo necesita. Ahora teme romper la relación por temor a volver a experimentar ese vacío en que vivía en su ambiente familiar. No es el mejor candidato para ella, pero llena un espacio que la hace sentir bien tan solo ocasionalmente.

Esto sería bien difícil que ocurriera con aquellos jóvenes que tienen amor y afecto abundante en sus hogares. Los hijos anhelan respirar amor, no solo por el afecto que les ofrecemos personalmente, sino también por el amor que se expresan mutuamente los padres. Los hijos sienten el placer de ser amados cuando los padres se demuestran amor el uno al otro. Es indescriptible lo que un niño siente cuando ve ternura y cariño en la pareja de sus padres. Así también es indescriptible lo que sienten cuando observan el rechazo y la discordia en sus palabras.

Esto es tan cierto que aunque seas amoroso con tu hijo, si no lo eres con tu cónyuge, el amor que les ofreces a ellos como hijos no les satisface del todo. Es como si sintieran de esta manera:

> "Si no se aman entre ustedes, no
> me aman a mí, preferiría que no me
> abracen ni me besen pero que sí lo
> hagan entre ustedes. Estoy dispuesto
> a negarme la bendición del afecto
> con tal de que ustedes se amen".

APLICACIÓN DE LA SESIÓN

AMOR: ¿NO ES OBVIO?

1. ¿A qué se refiere el autor cuando dice que el afecto físico "no es un asunto de personalidad, sino un asunto de libertad"?

_____

_____

_____

_____

2. ¿De qué forma puedes cambiar tu personalidad para que la tengas más semejante a Cristo?

_____

_____

_____

3. ¿Estás expresándole "amor con fruto" a tus hijos?

_____

_____

_____

GÁNATE EL DERECHO A CORREGIR

UNA CUALIDAD MUY importante en aquellos padres que quieren ganar el corazón de sus hijos para conducirlos a la presencia de Dios, es aprender a halagarlos. ¿Por qué? Porque no nos damos cuenta que en la mayor parte del día, la comunicación con nuestros hijos se centra en la corrección. ¿Cuántas veces tuvimos que corregir a nuestros hijos durante el día, en contraposición a las veces que los halagamos o los alabamos?

Podemos corregir y regañar todas las veces que sea necesario, pero aun durante ese momento de corrección, podemos adornar nuestras expresiones con alabanzas.

EJEMPLO: Te estoy regañando, pero quiero aclararte que para mí tú eres un ser extraordinario, en esto y en esto otro (describe detalladamente en qué es extraordinario), pero tengo que regañarte precisamente por eso, para que nunca dejes de ser lo que eres. Y aunque yo estoy molesto contigo por lo ocurrido, sin embargo, sigo orgulloso de ti. Si te corrijo es porque te amo".

PRACTICA EL PROFETIZAR SOBRE TUS HIJOS

Tenemos que aprender a profetizar sobre nuestros hijos. No los maldigas.

EJEMPLO: "En verdad yo no sé lo que será de tu vida; pero sí sé que si continúas así te comerá la miseria porque eres tan...". ¡Esto es una profecía de maldición! Puedes regañarlo y debes corregirlo, pero esto no es un regaño; es una maldición.

Lo que debes decirle: "Porque tú eres un niño aseado, y por cuanto tú has nacido en una familia que se preocupa por el aseo, yo no puedo permitir que te conviertas en otra cosa que no eres. Puede haber niños a los que no les gusta ser aseados, pero tú no lo serás jamás. No te lo voy a permitir porque te amo". Nota que en todo momento el mensaje es en positivo y podemos finalizar diciendo: "Tú eres un niño limpio. Yo alabo esa virtud en ti y no voy a permitir que pierdas esa virtud".

La fe es la certeza de lo que se espera y la convicción de lo que no se ve.

> "Yo estoy convencido que tú no vas a ser así, por lo tanto no lo eres y yo voy a impedir que lo seas".

Aprendemos a profetizar entendiendo que no estamos mintiendo; estamos condicionando a nuestros hijos hacia la dirección correcta. Si los padres no les damos dirección, aparecerán otros elementos como la televisión, la internet, los amigos, etc., que lo harán.

AYÚDALE A NEUTRALIZAR SUS COMPLEJOS

Tenemos que convencerlos de sus virtudes resaltándolas en todo tiempo. En varias etapas del desarrollo, nuestros hijos entran en cruciales momentos donde se manifiestan los complejos. Cuando esto sucede, lo más efectivo para neutralizar estos complejos son las alabanzas de sus padres. Hay complejos tanto en niñas como en varones.

Aquí los padres pueden jugar un papel importantísimo al ayudar a sus hijos a desarrollar un autoconcepto no más bajo ni mayor del que deberían tener. Somos responsables de afirmarlos cuando están en "baja" y alentarlos con situaciones personales. Por ejemplo, podemos decirles que nuestros cuerpos nos parecían desproporcionados durante la pubertad. Podemos comentarles además que, a medida que fuimos madurando, eso se corrigió, y que si ahora nos admiran por algunos de nuestros atributos físicos como adultos, ellos también llegarán a desarrollarse de igual forma.

Debemos aprovechar para ministrarles con respecto al orgullo, ya que el origen del orgullo son los complejos. Aquel que estuvo acomplejado por algún atributo, cuando eventualmente mejora, experimenta un grado de orgullo y en alguna medida más o menos, deseará exhibirse (vanidad). También hay que advertirles de ese otro extremo del complejo, diciéndoles: **"Tú no serás un acomplejado (a), ni un vanidoso (a) por los dotes o atributos que Dios te dio; oye bien este consejo…"**.

> ¡Quién mejor que los padres para hablarles, explicarles y advertirles en un ambiente de alabanzas de qué cosas van a vivir! Se las estamos adelantando para ayudarles a salir victoriosos de esas dificultades naturales de la vida.

LA LEY DEL CAMALEÓN

En las compañías se enseña la supervisión y gerencia sobre la "ley del camaleón".

El camaleón es una especie de lagartija que tiene la habilidad de camuflarse según el ambiente. Cuando cambia el escenario o el ambiente donde se encuentra, el camaleón se ajusta a los colores de ese paisaje. Un camaleón en un ambiente de mucha vegetación se tornará verde. Si se encuentra en un ambiente de muchos árboles secos, se tornará de color marrón. Si estuviera en pedregales de un río, tomará un color algo negruzco.

Esta ley, aplicada a empleados de una compañía, dice que si continuamente le hablas al empleado sobre el potencial que posee para hacer un mejor trabajo, lo alabas y lo animas, expresándole que puede llegar más lejos en cuanto a calidad, etc., comenzará a esforzarse para cumplir con las expectativas de su jefe. El jefe crea la expectativa (el ambiente) y el empleado se ajusta conforme a la expectativa que se tiene de él.

A veces las personas no creen que tengan tales capacidades, pero si alguien cree en ellos lo suficiente y los entusiasma a intentarlo, pueden descubrir, para su propia sorpresa, que sí pueden cumplir con tales responsabilidades y niveles de productividad.

APLICA LA LEY CON TUS HIJOS

Cuando los padres utilizan la ley del camaleón en la vida de sus hijos, obtienen resultados sorprendentes. Recuerden que somos más importantes para la vida de nuestros hijos, que un jefe para la vida de sus empleados. Si los empleados responden positivamente, cuánto más nuestros hijos, al ser halagados y alabados. Sentirán la necesidad de caminar a la altura de las expresiones de admiración recibidas de sus padres.

Esto será así, siempre y cuando nuestras expectativas sean de amor y además, realistas y justas. Hay padres que tienen unas altas expectativas de sus hijos, pero la motivación es el orgullo.

Por ejemplo: la necesidad de competir con otros padres de niños inteligentes. Esto por lo general desencadena una presión demasiado fuerte sobre los hijos y aunque los alaban por su inteligencia, sin embargo, este halago se manifiesta en un contexto de regaños, una presión desmedida y hasta insultos (contradictoriamente) porque el niño los está haciendo "quedar mal".

Este tipo de padre halaga muchísimo a sus hijos en público y pocas veces en privado. Obviamente, la motivación del halago público es el orgullo. Cuando alaban a sus hijos en público, a quien realmente están alabando es a ellos mismos. Por lo tanto, el mejor halago que se puede ofrecer es el que se brinda en la intimidad del hogar, allí donde nadie te oiga, sino solo la persona a quien le interesa oírlo.

> Halaga a tu hijo en público,
> pero también en privado.

APROVECHA MOMENTOS ESPECIALES Y PROFETIZA SOBRE ELLOS

Dios nos ha otorgado a nosotros, los padres, un poder sobrenatural para afectar proféticamente la vida y el futuro de nuestros hijos. Cuando Jacob luchó para lograr la bendición de la primogenitura de parte de su padre, demostró lo importante que era esa bendición para él y cómo creía en el efecto profético que tendría esa palabra sobre su vida. Cada uno de los doce hijos de Jacob esperaron la bendición de su padre y creyeron que todo lo que su padre declararía sobre ellos se cumpliría. Y así sucedió.

APLICACIÓN DE LA SESIÓN

GÁNATE EL DERECHO A CORREGIR

1. ¿Qué significa la "ley del camaleón"?

_____

_____

_____

2. ¿A qué se refiere el autor cuando dice que "el origen del orgullo son los complejos"?

_____

_____

_____

_____

3. Cuando corriges a tus hijos, ¿lo haces de una manera positiva o negativa? Explica brevemente.

_____

_____

_____

_____

4. ¿En qué manera puedes aplicar la ley del camaleón con tus hijos?

_____

_____

_____

_____

5. ¿Profetizas bendiciones sobre tus hijos?

_____

_____

_____

¿SABRÁN CUÁN IMPORTANTES SON?

N UESTROS HIJOS NECESITAN sentirse importantes. Esto no es fomentar orgullo; hasta Dios reconoce esta necesidad de nosotros. Él nos hace sentir importantes de muchas maneras. Observemos el siguiente versículo bíblico: *"Mas vosotros sois linaje escogido, real sacerdocio, nación santa, pueblo adquirido por Dios, para que anunciéis las virtudes de aquel que os llamó de las tinieblas a su luz admirable; vosotros que en otro tiempo no erais pueblo, pero que ahora sois pueblo de Dios; que en otro tiempo no erais pueblo, pero que ahora sois pueblo de Dios; que en otro tiempo no habías alcanzado misericordia, pero ahora habéis alcanzado misericordia"* (1 Pedro 2:9-10).

"Así que, somos embajadores en nombre de Cristo...".
—2 CORINTIOS 5:20

¿Cómo podemos hacer sentir importante a nuestros hijos? ¿Cómo podemos traducir el mensaje para que entiendan y sientan cuán importantes son para nosotros? Lo primero que debemos hacer para llevarles ese mensaje es: **dedicarles tiempo.**

Ellos aprenden de lo que observan. Ya han descubierto que dedicas mucho tiempo para las cosas más importantes de tu vida, al punto que cuando tratas de darles explicaciones de por qué no les dedicas el tiempo que debes dedicarles, ellos mismos te pueden decir: **"Papá, mamá, no te preocupes, yo sé que tú no tienes tiempo. Sé que tienes muchas cosas importantes que hacer".**

Trata de imaginar el impacto que haría en el corazón de tu hijo si pudieras responder a eso así:

"Es cierto, yo tengo muchas cosas importantes que hacer, pero en estos momentos, nada es más importante que tú. Y el tiempo que yo tenga que dedicar te lo voy a dedicar, y no me importan las consecuencias porque para mí, tú eres lo más importante".

¿No es esto mejor que cualquier predicación?

HAZLO PARTÍCIPE DEL PROTOCOLO DE PRESENTACIÓN

¿Qué otras cosas hacen sentir importantes a nuestros hijos?

Por ejemplo: Cuando llegamos a un lugar donde hay algunos desconocidos y nos presentamos unos a otros, todos sabemos que por lo regular se presentan todos los adultos, pero los niños no se presentan. ¡Qué demostración más genuina de lo importante que son nuestros hijos si tuviéramos la delicadeza de presentar a nuestros hijos, uno por uno y por su nombre!

Nuestros hijos dirán para sí: "¡Mira esto, me presentaron a esta gente; me dan la misma importancia que a los adultos!". Cuando nosotros practicamos el presentar a nuestros hijos a los adultos y darlos a conocer, les estamos diciendo por medio del protocolo de presentación: "Me siento orgulloso de ti, de andar contigo y por eso es importante para mí darte a conocer. Eres un ser humano digno de que todos te conozcan".

HAZLO PARTÍCIPE DE LAS DECISIONES

Otra manera de hacer sentir importantes a nuestros hijos es haciéndoles partícipes de nuestras decisiones. Hay decisiones que has tomado que afectan la vida de tus hijos. Y ¿sabes qué?, debimos haberlos consultado antes de tomarlas porque en alguna medida los hicimos pasar por algún grado de estrés.

Si yo considero la opinión de mis hijos antes de tomar decisiones que los van a afectar, los haré sentir importantes y además, consultarlos los hará digerir lo que va a ocurrir.

RESPETAR SU DIGNIDAD

Si algo Dios ha tratado de devolvernos es el sentido de dignidad con que nos creó. Es por eso que debemos respetarnos a nosotros mismos. Obviamente cuando nutrimos a nuestros hijos de respeto, desarrollamos al máximo su capacidad de reconocer la autoridad de Dios sobre ellos.

Todo ser humano necesita ser y sentirse respetado. Nuestros hijos necesitan saber que los respetamos.

¿Cómo puedo expresar respeto por mis hijos?

Desarrolla un principio muy importante: **"No hacerle a ellos lo que no me gustaría que me hicieran a mí".**

Por ejemplo: no los avergüences en público. Cuando yo respeto a mis hijos, no los disciplino delante de la gente. Disciplinar a un hijo delante de otras personas es abochornarlos. Hazlo en privado.

Si estás en un restaurante y allí te piden disciplina, no dejes para luego lo que debes hacer en el momento. Los niños son sumamente listos. Cuando ellos saben que no los van a disciplinar en el restaurante, **"hacen y deshacen"**. Algunos piensan: **"Mis padres me van a decir, ¡deja que lleguemos a casa! Pero tan pronto me suba en el automóvil, me convierto en un ángel. Cuando ya esté llegando a mi casa, me hago el dormido y mis padres no van a tener el corazón de despertarme para castigarme y cumplir lo prometido. Me tendrán lástima".**

Hay que resolver el dilema en el sitio que sea, por ejemplo, en un restaurante. Llevas al niño a un lugar privado, ya sea a una cabina de servicio sanitario, y allí le aplicas la disciplina, con todo el proceso de restauración, sin importar el tiempo que tomará. ¿Qué ocurrirá? Que ellos sabrán que en el lugar donde estés se aplicará la corrección y nunca lo avergonzarás delante de nadie y lo respetarás, aún cuando se hayan portado mal.

RESPETO POR SU INTELECTO

Tenemos que respetar el intelecto de los niños. Hay niños que piden razones y explicaciones de por qué los vas a disciplinar, no porque estén desafiando la autoridad, sino porque su intelecto lo demanda. Hay padres que no quieren dar explicaciones sobre por qué están molestos, pero cuando un niño necesita una respuesta a un "por qué", hay que dársela. Ellos son tan inteligentes como nosotros y necesitan que respetemos esa capacidad.

No humilles a tus hijos. Nunca les toques la cara, pues es una forma de confirmarles cuánto los respetas. Nunca lo hales por la oreja públicamente para llevarlo a un lugar privado porque con eso el mal ya está hecho. Esa es una humillación pública, aparte de que le puedes hacer daño físico y ese no es el propósito.

Por último, no le grites. Un grito de un padre hacia un hijo es una falta de respeto. Les aseguro que cuando ellos sean adolescentes, o aún más, preadolescentes, comenzarán a hacer lo mismo; te van a gritar a ti. Les enseñaste a faltarte el respeto durante todos los años que tú les faltaste el respeto gritándoles. Los gritos son muy dañinos para el ambiente de una familia.

La verdad y la razón no necesitan gritar porque tienen fuerza y autoridad en sí mismas. Y si la verdad y la razón no son suficientes por causa de la necedad natural de los niños, entonces la disciplina es la medicina. Un grito no es disciplina; es violencia emocional.

APLICACIÓN DE LA SESIÓN

¿SABRÁN CUÁN IMPORTANTES SON?

1. ¿Qué significa el "protocolo de presentación"?

_____

_____

_____

_____

_____

2. ¿A qué se refiere el autor cuando dice que debemos respetar el intelecto de nuestros hijos?

_____

_____

_____

_____

_____

3. ¿Cómo podemos hacer sentir importantes a nuestros hijos?

_____

_____

_____

_____

4. ¿Haces partícipe a tus hijos de las decisiones?

_____

_____

_____

_____

_____

5. ¿Cómo podemos respetar la dignidad de nuestros hijos cuando se comportan mal en público y debemos disciplinarlos?

_____

_____

_____

_____

_____

Sesión 11

¡SEÑOR, QUE MIS HIJOS TE AMEN!

Los niños comprenden mucho mejor el concepto de Dios después de haberlo discernido a través de sus padres. Si le enseñas una manzana a un niño, y le dices "rojo", por relación comprenderá el concepto de color rojo. Si los padres mostramos el carácter de Dios en nuestro trato con ellos, cuando les hablemos de Dios lo entenderán y desearán conocerlo; más aún, sin conocerlo lo entenderán por lo que ven en nosotros.

Ganarlos para Dios es ganarlos para nosotros y ganarlos para nosotros es ganarnos su admiración y respeto por la manera en que hemos tratado con ellos en el plano natural de nuestra vida cotidiana. Si en este nivel tenemos comunión entre padres e hijos y el ambiente del hogar irradia satisfacción y comodidad, entonces nuestro intento de llevarlos a la presencia de Dios será bien recibido.

Somos responsables de revelarles a Dios

La necesidad de Dios en nuestros hijos no es una opción, es una responsabilidad. Nuestros hijos nunca se sentirán auto-realizados (al igual que ningún adulto) hasta que tengan un encuentro con Dios. Dios nos creó y hasta que no tengamos un encuentro con Aquel que nos formó en el vientre de nuestra madre, con Aquel que puso un espíritu en nuestro interior y creó la personalidad de nuestra alma, no sabremos quiénes somos realmente y de dónde provenimos. Esto provoca el sentido de autorealización más grande que jamás hayamos experimentado.

El que nunca ha tenido un encuentro personal con Dios no puede entender esto, pero los que sí lo hemos experimentado, sabemos lo que significa. Es por eso que no podemos esperar a que nuestros hijos sean mayores para que decidan por sí mismos qué camino quieren tomar. Los que conocemos El Camino, lo vamos a dar a conocer lo antes posible para que a la edad más tierna, antes de que ni siquiera conozcan el pecado conscientemente, conozcan la hermosura y la gloria de vivir bajo la bendición de Dios.

Todas las cualidades del proceso de criar hijos hay que aplicarlas simultáneamente y deben ir todas de la mano (**estabilidad, disciplina, amor, alabanza, importancia, respeto**). Precisamente la necesidad de ministrarle a Dios es la que nos motiva y nos dirige a los otros seis aspectos de la crianza.

No tenemos que limitarnos en ir paso a paso en la gráfica de necesidades según el orden establecido por Maslow para poder ser dignos de ministrarles a Dios. Esto también sería un error, ya que la necesidad de Dios es apremiante y no debemos perder oportunidades. Aquí lo importante es que todo lo apliquemos a la vez, que todas las necesidades de nuestros hijos sean suplidas a la vez y que todas las necesidades se suplan en el contexto de mostrarles a Dios, ya que este es…

EL PRINCIPIO (MOTIVO) Y EL FIN (PROPÓSITO)

Otro medio de necesidades

La meta de todo ser humano es autorealizarse y nuestra responsabilidad como padres es que nuestros hijos lo logren. Quien se ha realizado ha descubierto su identidad en Dios, Aquel que creó a todo ser humano conforme a su imagen y semejanza. Ya no dependemos de cómo nos tratan o de qué necesidad básica haya sido suplida o no porque la necesidad más importante ha sido satisfecha.

Cuando nuestros hijos se han autorealizado por su encuentro con Dios, aunque la vida sea injusta y tengan experiencias de rechazo fuera del hogar, serán poderosos saliendo de los conflictos porque encontraron en Dios el fundamento de su vida. No tendrán necesidad de esclavizarse a la aprobación de los demás porque descubrieron su dignidad en Dios. Podrán amar aunque no sean amados, podrán servir aunque no reciban agradecimientos y serán felices consigo mismos aunque la vida sea dura. Por tal razón, todos los esfuerzos como padres deben ser dirigidos con el objetivo de revelar a nuestros hijos el amor de Dios.

MODELO DE NECESIDADES PARA LA SALUD INTEGRAL: FÍSICA, EMOCIONAL Y ESPIRITUAL

Como puedes observar en el gráfico, todas las necesidades son suplidas con el fin y el propósito de que ellos conozcan el carácter de Dios y se realicen en la vida caminando de la mano con Dios, quien debe ser el centro de todas las cosas en su vida.

¿Qué ocurrirá cuando un hijo se siente seguro y descubra que es importante para ti? ¿Qué ocurrirá cuando se sienta amado por sus padres, cuando sea alabado y reconocido por sus virtudes? ¿Qué ocurrirá cuando un hijo sea disciplinado y se sienta amado a través de la disciplina, cuando se sienta respetado?

Sucederá que cuando le invites a adorar a Dios, no se resistirá. Irá alegremente a su presencia por sentirse tan cubierto, tan amado, tan respetado y tan importante por su núcleo familiar. Se sentirá completo, en otras palabras, realizado. Sentirá que nos preocupamos por amor y le corregimos por amor.

Dirá para sí: "Si papá y mamá son así, yo quiero conocer al Dios que los ha hecho así. Si mis padres son imagen y semejanza de Dios y son tan tremendos como son, yo quiero conocer al Dios de ellos".

¿Y si me equivoco?

¿Qué ocurre si cometo algún error en alguna de estas áreas? ¿Me descalifica esto para ministrarle a Dios? La respuesta es: ¡No! Muchas veces podrás cometer errores respecto a sus necesidades, pero tienes que pedirles perdón. Este perdón a los hijos te devuelve la comunión, la autoridad y la admiración que necesitas de tus hijos para continuar ministrándoles a Dios. No creas que el pedir perdón te resta autoridad moral, al contrario.

Enseñar a los hijos a orar

Para que no sea dificultoso enseñarles a orar, desde que nacen hay que formarles este hábito. Ora por ellos todos los días. El altar familiar debe ser un estilo de vida.

¿Qué significa un estilo de vida? Pues que todos los días, libre y espontáneamente, busquemos a Dios y oremos sin limitarlo. Vivamos haciendo de Dios nuestro pan de cada día, nuestra fuente de alegría y motivación. La razón por la cual queremos orar debe ser porque Él es bueno, porque nos ha dado la capacidad de amarnos así, porque nos ha dado la sabiduría para tratarnos así, porque nos corrige y nos controla cuando comenzamos a herirnos sin darnos cuenta, porque nos provee y suple nuestras necesidades y porque tenemos muchas cosas por qué sentirnos agradecidos a Él. Por eso aprovechamos cada oportunidad para

honrar, cantar, danzar en su honor y proclamar sus maravillas
como familia.

Este momento específico de darle gloria a Dios tiene que ser
lo natural de nuestro diario vivir:

> *"Y estas palabras que yo te mando hoy, estarán sobre tu*
> *corazón; y las repetirás a tus hijos, y hablarás de ellas*
> *estando en tu casa, y andando por el camino, y al acostar-*
> *te, y cuando te levantes".*

> —DEUTERONOMIO 6:6-7

Testifiquemos continuamente dondequiera que estemos.
Aprovechemos los momentos de estar a la mesa para hablar de
las maravillas de Dios y testificar acerca de cómo Dios nos ha
suplido, de las cosas que el Espíritu Santo hizo durante el culto
cuando estuvimos en la iglesia o en cualquier otro lugar. Cuando
oremos como familia, habrá el entusiasmo necesario para disfrutar ese momento de alabanza y oración.

Cuando los niños se acostumbran a orar en todo tiempo y
disfrutan, ¡ellos mismos buscan excusas para tener que orar! Si
salen en el automóvil y tu hijo te dice: "Papi: ¿vamos a orar?",
aunque estés apurado, no defraudes a tus hijos cuando tienen
la iniciativa de querer orar, cuando sea y donde sea. El tiempo
que aparentemente "pierdes" orando, Dios te lo va a recompensar
facilitándote el camino.

> Lo único que no debe cambiar en
> nuestra familia es la sed de Dios,
> el hambre por su presencia y la
> disciplina diaria de buscar su rostro.

Llenemos nuestros hogares de alabanza y procuremos siempre respetar la inmerecida, pero privilegiada visitación del Espíritu Santo. Mientras haya paz y la armonía del amor incondicional
entre nosotros, tendremos garantizada su protección y bendición.

Consecuentemente, la prosperidad de Dios en todos los aspectos de la familia será inevitable.

Dirán: **"¡Verdaderamente el Reino de los Cielos está entre nosotros!"**. Esto no es vanagloria porque todo aquel que ha sido obediente a Dios en los principios expuestos en este manual ha tenido que exclamar interna o abiertamente: "¡Nunca creí que era posible vivir este estilo de vida, pero ahora lo estoy viviendo!". ¡Gloria a Dios!

DISFRUTAR DE LO SEMBRADO

Cuando inculcas en tus hijos desde pequeños el ejemplo y la práctica de la oración, la alabanza y la lectura de la Biblia, habrá un momento de sus vidas en que vamos a ver lo sembrado en ellos, y nos quedaremos conmovidos de cómo la Palabra se hace realidad en sus vidas. ¡Vamos a disfrutar de lo que sembramos en ellos!

NUESTROS HIJOS, NUESTROS DISCÍPULOS

Nuestros hijos no siempre nos escuchan, pero más que eso, nos imitan. Si nosotros somos imitadores de Dios, entonces ellos también lo serán, en cada etapa, situación y momento. Día a día los estamos discipulando, entrenando para bien o para mal, pero ¡qué bendición es cuando los entrenamos para lo mejor, que es seguir a Cristo! Nos vamos a alegrar al ver cómo nuestros hijos crecen, no solo en estatura y en desarrollo como adultos, sino también en frutos de carácter, producto del crecimiento espiritual que han obtenido.

> ¡Qué felicidad es que los hijos lleguen a la juventud y poder verlos tan unidos entre ellos, tan unidos a nosotros y tan entusiasmados sirviendo al Señor!

OFRECE A TUS HIJOS SOBRE
EL ALTAR DEL SACRIFICIO

Dios le pidió a Abraham que le entregara al único hijo que tenía y lo sacrificara en un altar. Abraham como padre sufrió mucho durante esas horas de agonía, mientras decidía si lo sacrificaba o no. Pero Abraham aprendió una gran lección: **nuestros hijos son de Dios antes de que Él los pusiera en nuestras manos bajo "nuestra administración".** No podemos amar más a nuestros hijos que a Dios y su voluntad. Él los entrega a nosotros para que los discipulemos y les enseñemos a amarlo, aunque en ese proceso tengamos que sacrificar algunos de sus gustos o placeres. Mientras más los entreguemos a Dios, más disfrutaremos a nuestros hijos.

Esto es lo que muchos padres no quieren entender porque tienen miedo. Aceptan todas las exigencias y demandas que la vida natural les impone a sus hijos, pero no están dispuestos a que se sacrifiquen por Cristo.

Si la escuela les demanda mucho trabajo, no importa, los obligan a estudiar. Si los deportes les exigen abstenerse de cosas que otros disfrutan, no importa, los estimulan y casi los obligan a hacerlo para "sacar lo mejor de sus hijos en esa disciplina". Si son músicos, los obligan a practicar y a ensayar para convertirlos en profesionales y así se ganen los aplausos del público. Pero cuando se trata de sacrificarse por el Señor, disciplinarse y abstenerse por Él, estudiar para Él, etc., no están dispuestos a exponer a sus hijos al sacrificio que la excelencia exige en cualquier área de la vida.

Hay padres a los que les da lástima pensar que sus hijos tengan que esforzarse por **"las cosas de Dios".** Ellos nunca los obligarán a servir a Dios. Piensan que esa es una decisión que sus hijos tendrán que tomar cuando lleguen a la edad en que puedan decidir por sí mismos. Con esta **"buena excusa"** no hacen nada para que sus hijos desde pequeños escojan lo que en esta vida y en la vida venidera los salvará de cometer muchos errores.

Algunos habrán orado así: "Señor, yo estoy dispuesto a sacrificarme y a hacer cualquier cosa que me pidas, pero por favor, no me demandes que sacrifique a mis hijos. Ellos son muy pequeños y tiernos para privarles de 'algunas cosas' necesarias para la etapa en que se encuentran".

Se necesita valor para sacrificarlos

Cuando nuestros hijos llegan a amar algo, ellos mismos se disponen a sacrificarse por lo que aman. El amor, por definición, es sacrificado.

ENSEÑARLES A ADORAR EN SU IDIOMA

Para que Dios sea atractivo para nuestros hijos tenemos que traducirlo en un lenguaje que les resulte entendible y agradable. La personalidad de los niños es alegre y divertida, y tienen una fuerte actitud natural de sacarle el jugo a todo lo que hacen. Buscan divertirse en todos los contextos en que se encuentran. Impedirles ser normales en su naturaleza por causa del "culto en la iglesia" sería un grave error, razón por la cual la iglesia le resulta a muchos niños una experiencia torturante y aburrida.

Si queremos enseñar a nuestros hijos a alabar a Dios, debemos hacerlo comprendiendo la naturaleza del niño. Es por esto que la música en la iglesia tiene que ser diseñada para suplir la necesidad y gustos de todos. Lo más importante es cómo lograr impartirles gusto por la iglesia a nuestros hijos.

Si quieres verlos alabar a Dios en la iglesia, tendrás que empezar en tu casa. Nuestros hijos, todas las noches, tienen que irse a la cama y escuchar una porción de la Biblia o darle una alabanza o una oración ¡o si quieren, las tres acciones!, pero no en una actitud legalista, sino que lo hagan apasionados por ese Dios que leemos en la Biblia.

Un padre legalista considera una actitud ceremonial para acercarse a Dios y considera ofensivo e irreverente para el Espíritu Santo si hacemos que nuestros hijos salten, jueguen y se diviertan al escuchar la Palabra de Dios. Si logramos hacer entender el evangelio a nuestros hijos en el lenguaje que ellos puedan entender y les parece atractivo, estaremos asegurando que perseveren por cuenta propia y no por imposición.

Una falta de respeto a la presencia y a la voluntad de Dios, y una falta de responsabilidad paternal es que los hijos sean ignorados y se les permita hacer lo que se les antoje, por ejemplo, llevarles juguetes para que "no molesten" mientras sus padres "adoran" en la iglesia. El único objetivo de esto es entretenerlos con juguetes para que los padres puedan gozar de "libertad" para disfrutar el culto mientras los niños juegan debajo de los bancos de la iglesia. ¡Están allí, pero a la vez no están!

> ¡Qué pérdida de oportunidades para estrechar lazos de comunión con los hijos durante el culto a Dios! ¡Qué irresponsabilidad cometemos cuando Dios nos ha encomendado que les abramos los ojos a nuestros hijos para que puedan conocerlo y aprendan a amarlo!

> ¿Qué mensaje les estamos dando a nuestros hijos? Que el culto es un asunto de adultos; que esto no es para niños, por lo tanto, "no debe interesarme".

El problema será cuando comencemos a preocuparnos por la falta de interés que muestran hacia Dios, por la inclinación hacia lo pecaminoso y la identificación con el mundo. Entonces intentaremos crearles conciencia de lo espiritual, pero ya Satanás habrá tomado ventaja de nuestra falta de visión y de nuestra comodidad a expensas de la salud espiritual de los niños.

ENSÉÑALES A CONGREGARSE

Algunos padres se convierten en "domingueros" porque desde que tienen hijos ya no pueden "sacrificarlos", llevándolos a la iglesia en otro momento de la semana.

Algunos padres que tienen hijos aun bebés, no pueden "sacarlos porque se enferman".

Algunos padres con hijos en edad escolar no los pueden sacar porque tienen que acostarse temprano para madrugar. Lo harán cuando estén más grandecitos porque tienen que estudiar y hacer tareas.

Algunos padres con hijos adolescentes no los llevan porque ahora son ellos los que no quieren congregarse. Luego dicen: "¡Yo no sé qué es lo que le pasa que no quiere ir a la iglesia!".

¡Claro! Si nunca lo acostumbraste a ir a la iglesia y fuiste tan flexible que no le creaste hábitos de congregarse, definitivamente no tendrá la disciplina.

Ellos deben anhelar congregarse, pero para eso tienen que entender con el ejemplo, que para la familia, la prioridad es congregarse.

Nunca le vendas la idea de que tienen que asistir porque son líderes o pastores. **Esto es un grave error.** Nos congregamos porque necesitamos, porque estamos agradecidos con Él, porque lo amamos y queremos congregarnos para honrarle, porque Él se agrada de eso y nos bendice; no porque tenemos la obligación como familia pastoral, ya que eso podría hacerles sentir que es una odiosa obligación por causa del llamado de mi padre. No hace daño imponer una disciplina cuando se hace por agradecimiento, pero sí cuando se hace por obligación.

Aplicación de la sesión

¡Señor, que mis hijos te amen!

1. ¿Qué quiere decir que "la necesidad de Dios en nuestros hijos no es una opción"?

_____

_____

_____

_____

2. ¿Cuál es la relación entre autorealizarse y que nuestros hijos conozcan a Dios?

_____

_____

_____

_____

3. Explica el modelo de necesidades para la salud integral mencionado por el autor.

_____

_____

_____

_____

4. ¿Qué haces cuando te equivocas en alguna de las áreas en las que estás ministrando a tus hijos?

_____

_____

_____

_____

5. ¿Comprendemos la naturaleza de nuestros niños pequeños al querer enseñar sobre Dios?

_____

_____

_____

_____

6. ¿Cada cuánto tiempo compartes la Palabra de Dios con tu familia?

_____

_____

_____

_____

ÚLTIMOS CONSEJOS

E N RESUMEN, NO es cuestión de ser perfectos, pero sí es necesario que respetemos y honremos la Palabra de Dios lo suficiente para enmendar nuestros errores inmediatamente. Así podremos mantenernos dignos de ministrar a Dios en nuestro hogar.

- Decide ahora mismo convertirte a Cristo nuevamente, si es necesario. Arrepiéntete por los pecados ocultos y los secretos pecaminosos de tu corazón. Confiésate a tu cónyuge o a algún consejero espiritual maduro que te pueda ayudar a restaurar esas áreas "neurálgicas" de tu vida interior.
- Reúne a tu familia, cónyuge e hijos. Pídeles perdón por aquellas cosas que descuidaste o nunca hiciste, pero que ahora reconoces que debiste haber hecho, no importa tu edad ni la de ellos. Comprométete a renovar el ambiente familiar aportando paz a tu hogar, a expresar más abiertamente el amor, a dar más afecto físico, a proteger y a fortalecer la unidad matrimonial. Anuncia que incorporarás uno cuantos procedimientos y estilos, como por ejemplo, en la disciplina.
- Explícales que harás de Dios el centro de tu vida y del hogar, que cambiarás y que confías que el ejemplo que les darás los ayudará a moldear su comportamiento. No presiones; solo moldea un ejemplo digno de imitar.
- No te avergüences de orar por ellos mientras pones tus manos sacerdotales sobre sus hombros. Al principio será incómodo por la sensación de que ahora eres "espiritual".

Vence ese temor. Profetiza sobre tu familia. Ellos eventualmente te lo agradecerán. No te avergüences ni temas no ser correspondido al amar. Recuerda que de todo lo que siembres, segarás. Eventualmente florecerá en los miembros de tu familia una expresión de amor hacia ti como recompensa a tus esfuerzos.

- Busca el rostro del Señor diariamente y confía que los tuyos te seguirán al verte deleitarte y testificar de sus maravillas. Busca una iglesia que abrigue esta visión, donde sus líderes sean ejemplo de lo que predican. En los momentos más difíciles, busca en ellos consejo y apoyo.

Rey

Te invitamos a que visites nuestra página web, donde podrás apreciar la pasión por la publicación de libros y Biblias:

www.casacreacion.com

Para vivir la Palabra